JN280674

生長の家宇治別格本山編

神の子の自覚で新生する

●練成会体験談集

日本教文社

はしがき

神性開発練成会は、その名が示す通り「神性開発」するのが目的です。『生命の實相』第一巻の冒頭に《生命の実相の自性円満を自覚すれば大生命の癒力が働いてメタフィジカル・ヒーリング（神癒）となります》と書かれています。

練成会の体験は、神の子の自覚によってすべての問題が解決する実証です。

谷口清超先生は『いのちを引きだす練成会』に次のようにお書き下さっています。

《……練成会や練成道場は、すべて本書に書かれている通りの根本信仰によって運営され、「神の子・人間」の自覚を得ることを本旨としているから、どの道場に行っても、必ず人間として生れた意義と喜びとを体得して下さることであろうと思う》（「はしがき」より）

又、人類光明化運動指針第三条にも、《……「神の子としての人間なるものの本当の相」を凡ての人々のうちに開顕し確立する事によって光明化する運動である》と書かれてあります。

すべての人に「神の子・人間」の自覚をして貰う運動であるわけです。「神の子・人間」の自覚が難しいのでは特別の人しか救われません。人類を光明化するためには誰にでも出来る易しい事である必要があります。神の子でない人間がこれから修行して、神の子になるのであれば難しいかもしれません。しかし、

《……われわれが「神の子である」とはなぜ神の子であるか、なぜ人間は神の子でないのかとこういったところが、神の子であるから神の子である、これはもう理屈ではないのです。神の子であるから神の子である》（『生命の實相』頭注版第二十八巻十一頁）

「神の子であるから神の子である」と教えられています。ですから理屈はいらないのです。

《その方法は最も簡単であるし、度々各所で私は書いて来たのであるけれども、あまり簡単すぎて実行することを直ぐ忘れている人が多いのである。……「道を歩いている時にも、机に向っている時にも、今如来が、神の子が、歩いている。今如来が、神の子が、机に向っている」と念ずることである》（新版『幸福を招く365章』三十六頁）

神の子の自覚をすることは簡単なのです。練成会ではあらゆる機会に神の子の言葉を使っています。それに最もふさわしい体験集『神の子の自覚で新生する』が発行されます。

本書によって多くの方々が練成会に参加され、神の子に新生されますよう祈っています。

平成十四年夏

生長の家宇治別格本山　総務　楠本加美野

目次

神の子の自覚で新生する

——練成会体験談集

生長の家宇治別格本山編

第一章　特別練成会の歓び

解説　楠本加美野

毎年一回、生長の家総裁谷口清超先生の御指導による特別練成会があります。本年（平成十四年）は、四〇〇五名集まり盛会でした。参加者の感想文を紹介します。

総裁先生はとてもやさしくてスケールの大きい人

静岡県小笠郡浜岡町　繁田直彦（27歳）

繁田さんは、会社をやめようとしたら社長から練成会をすすめられて参加した。総裁先生のお話をきき、神の子として新生した。

僕がこの練成会に参加した理由は、仕事で上司に怒られて、会社を無断欠勤して社長に

「やめさせてほしい」と言ったら、「このまま会社をやめても、又お前は同じ事で必ず次の仕事もやめることになるので、このまま社会に出すわけにはいかん」と言われ、「京都の宇治という所に生長の家の別格本山があって、一般練成会というのがあるので一度行ってみたらいい」と言われて来ました。生長の家は、何も知らない状態で宇治にやってきました。

講義を聞いているうちに、「人は皆神の子ですばらしい」とか「実相と現象」など少しずつ解ってきて、何だか気分が楽になってきました。始めての座談会で、皆さんの参加理由などを聞いて、病気の人とか体が不自由な方がいて、自分の参加理由をはずかしく思い、自分は健康で良かったと思いました。

次の座談会では、講師が眞藤先生で、たまたま僕が当たったので、ここに来た理由を話しました。すると、先生は「仕事や上司とうまくいかないのは、父親に感謝がたりない証拠だ、だから、上司が観世音菩薩となって自分を導いてくれている」と言われた時に、その通りだと思い、両親に感謝することと、上司を受け入れられるように努力することにしました。そして神想観を知ったときに、「これはすごい。これで僕は楽になれる。救われた」

と思いました。各先生の講話も、職員さん、研修生さんの体験談も、とてもためになり、なにか心に響きました。そして、意味を知ったうえでやる、感謝行や浄心行、流産児供養や先祖供養は感動しました。特に、浄心行は本当に自分の心が洗われたみたいで、すっきりしました。

十九日の総裁先生のご講話は、沢山の人の参加にびっくりしました。話される言葉や、質問等の受け答え方も、とてもやさしくて、スケールの大きい人だと思いました。この練成会に参加できたことをよかった、と思いました。

だから、この感動や体験を多くの人に伝えていきたいと思いました。これからは、全ての物、人、事に感謝の心をもって接していきます。楠本先生を始めとする各先生方、職員、研修生のみなさん、本当にありがとうございました。僕は、この練成会に参加して自分をとり戻せた気がします。

父親に反抗していると会社では父親に相当する上司に反抗するようになります。父親に感謝出来ると上司にも感謝できるようになります。

徹底的な神の子の自覚で問題解決

米国カリフォルニア州トーランス市　小沢千鶴（71歳）

五年前、小沢さんは米国で白鳩会長になり、困難な問題に直面し、宇治に飛んで来た。神の子の自覚が出来た時、すべてが解決した。今回はそのお礼に練成に参加したら、谷口清超先生にお会いできた。

五年前、白鳩会会長を拝命し、約半年後に会長を続ける事が困難な問題に直面し、神様からの御智慧を頂きたく、アメリカからこの宇治に飛んで来ました。五日間の練成会を受けている間に、総《す》べての人々を徹底的に「神のお子」様として拝み切れば必らず問題が解決する、という確信を得てアメリカに帰りました。以後全く問題も起きず会員全員が喜々として活動をする事が出来ましたので、此の度はその御礼を申し上げたく練成会に参加させて頂きました。

計らずも総裁先生の特別練成会で、今回初めて、本当に間近かに谷口清超先生にお会いする機会を得、無上の喜びを頂きました。本当に有難く、生長の家の中心であられます谷口家が今では身近かに又親しみさえ感じております。この感激、喜びは生涯忘れません。本当に有難うございました。

献労の時、入龍宮幽斎殿の外で合掌してお祈りしていますと、突然眼の中が美しく真赤な色になり驚きました。それから徐々にその赤味がうすれ消えました。今でもその現象を大変不思議に思っております。二日前に右足の小指の爪をはがし、爪の回りから血が出て、ぐらぐらしていますが少しも痛くなく、靴をはく事が出来、有難い事と感謝しております。人間智の常識では理解し難いような有難い体験をいろいろさせて頂けますのも、ここが聖域だからと思います。魂の安らぎを御与えくださいますこの宇治に、出来るだけ足を運ばせて頂きたいと念願しております。

アメリカに帰りましたら、日々もっと神様の御心に叶《かな》いますよう、これ迄以上に人々に愛深く温かく接し、生長の家を知らない方々にも伝道しようと思っております。

谷口雅春先生が夢にあらわれメニエール病消ゆ

杉田ひろみ（28歳）

杉田さんは、平成十四年三月の練成を受け帰宅後、メニエール病になり、神の救いを求めたところ、夢の中に谷口雅春先生があらわれ、神の子の自覚ができ癒された。

今回の特別練成会は、三月の十日間練成会で大変お世話になりました、お礼参りとして来させていただきました。

三月の練成会では、母の愛は本当に神様のような愛だったと気づかされ、帰ってからも感謝、感謝の毎日を続けておりましたら、自壊作用でしょうか、突発性難聴（メニエール病の症状）の為、声を出す事も寝がえりをうつ事も出来ず、吐くばかりで食事をとる事も出来なくなりました。最後の一番ひどい状態の時、もう自力ではどうしようもなくなって、招神歌を心の中で唱える事も出来なくて、心の中で「神様助けて！」と悲鳴をあげました。

すると夢の中に谷口雅春先生が出て来て下さって、合掌して私の実相を拝んで下さいました。一信徒にすぎない私を大聖師が合掌して拝んで下さるとは……。びっくりしましたが、それによって、つまらないとみえる自分の中にも、神の子の実相が宿っている事がはっきり分かりました。そしてすべての人の中にも。それから私は起き上がって、普通に生活が出来るようになり、一度もめまいで倒れる事はなくなりました。有難くて有難くて、毎日お礼の聖経を誦《あ》げ、私もすべての人の内に神の子の実相を見れる自分になりたい、と努力している所です。

楠本先生には、主人を神様として拝みなさい、という事を教えていただきました。そしてこの度、主人が新たに単位青年会を発足して、自宅で誌友会も開ける様になりました。また、有難い事に夫婦で共に今日の受付での感謝、感謝のご奉仕をさせていただく事が出来ました。また受付におりましたら、突然母が谷口清超先生のご講話をうかがいに初めて宇治に参ったとの事、連絡をうけ、涙をがまんしきれませんでした。体調が悪い母の為に、宇治の神癒祈願を申し込ませていただいていたのですが、昨日が満願の日でした。母に「宇治へ行けば治る」と言いつづけていたのですが、中々来てもらえませんでした。今回、別の方からお誘いをいただいて、来る気になったとのことでした。

長田先生には、自他一体であるから、あまり人に気をつかわないように教えていただきました。

岡野先生には、耳に痛い言葉も愛の囁きと思ってきくように教えていただきました。

楠本先生には、使命に生きよという事を教えていただきました。

この度、ヤングミセスの副部長に決まったという連絡をうけても、今まででしたら、こんな私に出来るはずない、と思いおことわりしていたはずですが、爪の先程でもお役に立てればと思い有難くうけさせていただきました。明日からの伝道練成会でまた諸先生方のご指導をあおぎ、少しでもお役に立てる人間になれる様勉強して行きたいと思います。本当にありがとうございました。

緑内障がよくなった

兵庫県神崎郡福崎町　大西鶴枝（69歳）

大西さんは緑内障で目が見えなくなり参加したが、癒された。のびなかった右手も癒された。

私は一年前に緑内障になり、右目がほとんど見えなくなりました。姉の主人が心配して下さり、宇治へ十日から二十日迄練成会にいってくるようにと言って下さり、喜んで息子と三人で参加させていただきました。右目は完全によくなり、涙が出るようになりました。子供の時、自転車から落ちて右手が折れ曲がって伸びませんでした。神想観をしていると右の肩を指圧してもらっているように熱くなり、次の朝右手は左手と変わらないように伸び、右目も見えるようになっていました。

幻聴がなくなった

大阪府高槻市道鵜町　林 麻衣子（20歳）

林さんは幻聴《げんちょう》のため参加したが、父母に感謝し流産児供養をしたら癒された。

私は五年間ほどかけて高校を卒業し、専門学校に入ったのですが、通えずに悩んで宇治に来ました。鬱《うつ》になったり、幻聴があったりと、苦しい生活を送っていました。宇治に来て流産児供養をしている時に、急に黒い光が目の中に入り素晴らしい気持になりました。両親や弟、友人などに本当に有難うと言いたい気持になり、心が晴れ晴れしました。幸せになれて父親に電話すると「麻衣子よかったなぁ。もうこれですべてが大丈夫だ！」と言ってくれました。宇治に来てよかったです。幻聴も完全になくなりました。

変形性脊髄症、骨粗鬆症、膝関節症の痛みが消えた

岡田和子（64歳）

変形性脊髄症《せきずいしょう》、骨粗鬆症《こつそそうしょう》、膝関節症と、とても痛む病気です。発病は一月十七日に突然の出来事でした。病名を聞いてびっくりしました。最初は背中がうずいてうずいてたまりません。腰も痛いし腰に力が入らなくてどうにもなりません。膝が痛くなると歩くのも大変です。足に水がたまり腫《は》れて来るのです。この様な状態なので仕事をする事も出来ず、退職する事にしました。

宇治に参りましたら胸が一杯になり、うれしさで一杯でした。でも背中と腰が痛いので練成会が受けられるか少しは心配でしたが、痛いはずの膝の事も忘れてお茶つみの行事に参加させて頂き、山道を茶畑まで歩いて参加出来た事とてもうれしかったです。その後、祈り合いの神想観の時、前に出させて頂き、多くの方に祈って頂き涙で一杯でした。気がついたら身体に火がついた様な感じがしていて腰の痛みも大分楽になりました。

永代供養させて頂く決意をしましてからは背中の痛みも消えましたので、今ではあの痛かったのがうその様です。

十日間楽しい毎日でした。先生方のすばらしい講話ありがとうございました。病気で苦しんでおられます方々にこのすばらしい宇治の練成会をお伝え致します。

当たり前が素晴らしい

愛知県豊田市　山崎宗二（30歳）

山崎さんは会社の命令で参加した。すべての人が神の子であること、感謝することを教えられ、当たり前のことが如何に有難いかがわかった。

《当り前の人間を自覚し、当り前に生きるのが「生長の家」の人である。「当り前の人間」が神の子である。皆此《みなこ》の真理を悟った人が少い。「当り前の人間」のほかに「神の子」があるように思って異常なものを憧《あこが》れるのは、太陽に背《せな》を向けて光を求めて走るに等しい》（『大道を歩むために』一〇四頁より）

私は、この練成会には会社からの命令ということで参加させていただくことになりました。最初は、自分にとって主体的な感覚で練成会に臨むことは出来ませんでした。早朝行事、神想観の実修など、正座して行う行事は、足の痛みが先行するばかりで、これが一体、どの様に自分のためになるのだろうか、と疑問に感じました。こちらの宇治別格本山に来る前に、社長からは「自分を生長させること、それだけ考えて行ってこい」とお言葉を頂きました。

御講話の中にこのようなお話がありました。

「すべての人に神様から平等に頂いた実相というものがある」

このお話を伺《うかが》って、この練成会では、参加することで何かを得るのではなく、今、自分の中に既にあるもの、まだ気付いていないものを見つけ出すことではないか、と考えるようになりました。

そこで、この生長の家において最も基本である「感謝」について見直すことから始めようと考えました。とにかく、掃除などの日常生活的なことを必死になってやってみようと考えました。私は幸い、五体満足な健常者です。人一倍、体を動かすことを心がけました。すると、家のことをすっかり任せきりにしている両親のことを思い出しました。

この様な若い自分でも息が上がってしまう様なことを、両親はもっと大変な思いをして、毎日やってくれていたのだ、と感じました。こうして私は、今まで素直に受け入れられなかった「感謝」という気持を両親に対して持つことが出来ました。

この練成会を通じて、この当たり前のことが出来ることがどれだけ素晴らしいことか、ということが一番勉強になりました。掃除だけに限らず、今、自分が健康であること、これも当たり前のことの一つです。体が不自由で、この当たり前のことをしたくても出来ない人が沢山います。自分が健康でいられることにも両親に感謝出来ますし、自分をここまで気付かせるために練成会に寄越《よこ》して下さった社長にも感謝しています。

当たり前の積み重ねを続けているうちに「よく頑張っているね、ありがとう」という言葉が頂けるようになりました。当たり前の積み重ねは、長く続けるほど大きな結果につながるのだ、と感じました。これから仕事では、この当たり前の積み重ねに励んでいきたい、と思います。

第二章　病気はない

膀胱癌からの帰還

解説　楠本加美野

生長の家本部講師　土屋喜光（49歳）

土屋さんは膀胱《ぼうこう》、前立腺、左腎臓等を摘出《てきしゅつ》すると宣告された。医者の言葉を拒否し、尿のバッグをつけたまま背水の陣をしいて夫婦で練成に参加した。そして〝人間神の子・病気なし〟の真理により癒された。練成後、診察した医者は「おかしい」と言うばかりであった。その後、「癌は必ず消える」事実を全世界に知らせたいとの願いを持った。土屋さんの指導で多くの癌患者が癒されている。生長の家は現代医療を必ずしも否定するものではない。それどころか、医者や看護婦を神様の使いとして感謝する。これは信仰の力によって癌を克服したまぎれもない実話であります。

癌告知の瞬間

「五月十九日（金）に行われた検査手術の結果を申し上げます。悪性の腫瘍が膀胱にあります。従いまして、至急、膀胱、前立腺、尿道の一部を摘出します。それから左腎臓が機能しておりません。手術後、菌でも入ると危険なので、これも摘出します。腫瘍は、膀胱下部にあって、それが膀胱の筋肉にまで進んでいて危険な状態です。それに、この腫瘍は尿道まで侵攻しているので、小腸の一部を取り、それを膀胱の替わりにする手術は無理です。ですから、手術直後に人工膀胱を体の外側に付けることになります」

二〇〇〇年五月二十九日（月）、私は妻と共に、こんな宣告を埼玉医科大学総合医療センター（埼玉県川越市）の泌尿器科、Y医師から受けました。私より一回り以上も若い青年医師の言葉は、決してドラマチックではなく、何気ない日常会話の延長であるかのように、そして私にとっては、自らの残りの人生を左右するような重大な事柄を何の抑揚もなく淡々と告げるのでした。

「ほんとうにY医師は、自分のことについて話しているのだろうか」

最初はまるで他人事のような、そんな感じがしました。しかし、あまりにもひどい診断内容に私は怯《ひる》みました。
「まさか自分が膀胱癌、えーっ？」

一年前から血尿が

最初に先の総合医療センターの泌尿器科を尋ねたのは、癌告知を受ける半月余り前の五月十一日でした。妻が医者嫌いな私を半ば強引につれていった形でした。なぜ自分から病院に足を運ばなかったのかと言われるかもしれません。しかし、私は生まれてからこれまで大病をしたこともなく、医者にかかった経験もありませんでした。自慢ではありませんが、身体を鍛えることも好きで、若いころから毎日百回の腕立て伏せを日課としていました。数年前、仕事で米国に駐在していた時もスポーツジムに通い、ベンチプレスで百三十キログラムを挙げていた位ですから、「病気」とはおよそ縁のない身体だとずっと思っていたのです。体調の異変に気づいたのは二年ほど前でした。尿の出が悪くなり、一回に少ししか排尿できないため、必然的にトイレに行く回数が増えるようになりました。昨年の三月に入ってからは、毎月、何度となく血尿が出るようになりました。ひどい時には、二週間ぐらいぶっつづけで血尿が出ることもありました。

私はそれでも医者に行く気にはなれませんでした。生長の家の本部講師である私は、谷口雅春先生の説く「病気はない」という真理を理解し、神想観や聖経読誦の「行」で必ず治ると大見得をきっていたからです。今考えれば、どうしてあんなひどい体調の時に医者にいかなかったのかと、自分でも思います。しかし、その時は、腰に痛みを感じたら、これは持病だからしかたがないと考えたり、血尿が出ても、生長の家でよく言われる、「症状に表れたら消える」「痛みがあるのは、これは病が消えていく姿なのだ」と自分に言い聞かせていました。それは、自分の病気という「現象の姿」を認めたくないといった感じが強かったかもしれません。とにかく、こうした心境でしたから、医者にかかろうという気にはどうしてもなれませんでした。私の妻も病院に行くことを勧めてくれましたが、私は「大丈夫、大丈夫」と強がって、取り合いませんでした。

しかし、今年四月ごろからは、十五分おきに起こる尿意で、夜も寝られない状態が続くようになりました。自宅から職場までの約一時間三十分の間に、何回もトイレに行かねばならず、私はほとほと疲れていました。まず朝起きて一回、出勤前に一回、バスに乗って最寄駅に着いて一回、電車を途中下車して一回、乗り換え駅の池袋で一回、やっとたどり着いた原宿の勤務先で一回と、始業前までに合計六回ほどトイレで用を足さなければならない有様でした。身体はだるく、手足が黄疸のように黄色くなってしまいました。そうした私の様子を見るに見かねた妻が、「私が一緒についていくから」と言って、病院に引っ張って行ってくれたのでした。

肛門に指を入れられて

妻に付き添われた私は、それでも大した病気ではないと考え、ジーンズにポロシャツ姿ですぐに帰るつもりで診察を受けました。担当した泌尿器科のY医師は、簡単な問診を行い、「血尿が出る」と私が言うとすぐに私を診察台に寝かせ、ジーンズとパンツをひざ下まで下ろさせました。彼はワセリンのような液体を外側に塗った手術用の手袋をはめ、私の開いた足の間から手をくぐらせ、いきなり肛門に右手の中指を差し入れてきました。そして指で腸の中をグリグリと掻き回しました。「イタタタタッ！」思わず悲鳴を上げるほどで、何をされるか分からない恐怖と膀胱近くの痛さで私の額から脂汗がどっと噴き出しました。私は恥ずかしいやら、情けないやら、黙ってこんなことをされて悔しいやらで、「この無礼者！」と思わず声が出そうになりましたが、診察ですから仕方ありません。施術が終わった後は、「ふー」と一仕事終わったような感じがしました。これは前立腺に異常がないかを調べる方法で、Y医師の話によると、私の前立腺に少し腫れがあったようです。診察はこれがほんの序の口でした。次にエコー（超音波）で腎臓と膀胱を検査した後、隣の部屋に行くように促されました。Y医師は私に、「ズボンとパンツを全部脱いでください」と言いました。

「えっ、まさか！　回りに若くて美しい看護婦さんがいるのに？」

こんな状況になっても羞恥心は残っていたようです。少しためらいながらパンツをおろしましたが、ポロシャツの前のすそを下に引っ張り、股間を隠しました。

医師の指示は続きます。診察用のベッドに仰向けで寝て、次に足を開き、ステンレス製の台に両足を開く形で乗せました。たぶん産婦人科で妊産婦が使うような台ではないでしょうか。足を乗せた瞬間、ひんやりとして、なんとも不安を掻き立てるようでした。

Y医師は、白い布を腹に垂直に立てるように張り、下半身での施術が見えないように私の視界を遮りました。そして、性器の先に麻酔をして、ゴム製の長さ四十センチ、太さ六〜七ミリほどの管を差し入れました。性器に管を乱暴に入れられる様は、近代的な治療のイメージとはほど遠い、ひどく原始的な光景に映りました。そして、男性の泌尿器に関する診察の時に、前立腺肥大でも、膀胱炎でも、泌尿器の検査で性器から管を入れる施術があることを人づてに聞いていたので、「ついに来たか」という感じでした。二度目に同じ様な長さと太さの金属製の管を入れました。そして、挿入した一方の管から洗浄液を注入して膀胱内を洗い、内視鏡で中の様子を覗くというものでした。

その時、想像を絶する激痛が膀胱に走りました。我慢強い私でもギブアップする痛さで、「もうこれ以上は止めて欲しい」と懇願し、施術を中止してもらいました。体中冷や汗でびっしょりでした。飛び散った血液が床に散乱し、Y医師の白衣にも返り血が飛んでいました。

Y医師は、私に状況を告げました。尿道の炎症がかなりひどい上、出血が甚だしく、水で洗浄しても赤く濁って内視鏡で膀胱内部を診察することはできないということでした。この状態だと検査手術と、その結果を見ての手術で最低二回は手術が必要とのことでした。

そうはいっても、「自分は大丈夫、医者は最悪のことを考えて言っているのだ」と、その話をまともに受け取っていませんでした。

生まれて初めての入院

しかし、下された結論は「即、入院」ということでした。私はあまりにもひどい施術だったので、少し腹が立ち、入院を拒みました。Y医師からは、「このままだと今晩あたり、尿血栓（血尿が尿道につまり排尿ができなくなる）になる可能性があり、危険である」と迫られたので、しぶしぶ入院を決めました。これが生まれて初めての入院でした。昼の十二時過ぎくらいから診察が始まったのですが、時はすでに夕方でした。

私は泌尿器の患者と口腔の患者だけが収容される六人部屋に入ることになりました。とりあえず、衣類を汚さないために紙オムツを病院の売店で購入して、妻の助けを借りてフラフラの状態で、ベッドに辿りつきました。着いてしばらくすると、急に尿意を感じ、買ったばかりの紙オムツを慌てて宛《あてが》うや否や、尿道からピンポン玉の大きさの肉片が飛び出てきました。驚きましたが、直ぐに看護婦に見せて渡しました。後で別の医師がそれを「標本にする」と言っていました。たぶん私の腫瘍が病院内のどこかで標本として保存されるのでしょう。その後、夜になって、小用を足そうとトイレに行くと、ゼリー状の血の固まりがかなりでました。五百ミリリットルほどでしょうか、水洗の水を何回流しても血液が消えないくらいの量でした。大量の出血は、この日の施術が原因だと思われましたが詳しいことはわかりませんでした。

入院しても、すぐに手術というわけではなく、医者からは先ず検査手術をしなければならないと言われました。その手術をするためには、手術できる体にしなければいけないとのことです。私の腎臓は、かなり傷んでいて腎機能不全であり、尿が腎臓に溜まっている状態でした。また、腎臓で造られるはずの造血のための特殊なホルモンが出ていないらしく、かなりの貧血の状態で、これだけでも入院が必要であったようです。本格的な治療のための手術は、その検査手術の結果を待たなければなりませんでした。

病院内で見た生と死

ところで、私の入った病室には、四十代後半の膀胱癌の男性、睾丸腫瘍の青年、七十歳位の喉頭癌の男性、六十歳代後半の輸尿管癌の男性がいました。

　四十代後半の膀胱癌の患者は、症状が軽く、検査手術を受けるときに、癌細胞を取り除いて、私が入院してからほどなく退院していきました。また輸尿管に癌のある六十歳後半の男性は、手術ができるほど体力がなく、五月末に苦しみ抜いて亡くなられました。この方は、死ぬ一週間くらい前から、毎晩尿瓶《しびん》でお小水を出すのですが、体がついていけずにベッドから転がり落ちていました。その度に落ちる物音で夜寝られない私が看護婦を呼ぶベルを押していました。その方が亡くなる一日前、沢山の人がお見舞いに来ていました。彼の死期が近づいているのかなと、私は直感しました。彼はその日、自ら進んで一人部屋に入ることを希望され、亡くなって行きました。

　彼が死亡した日、彼の奥様が同室の皆に挨拶をしていました。看護婦は、彼のいたベッドとその周りを何事もなかったように掃除をし、そのあとから新しい患者が何も知らずに入ってきました。医者や看護婦は前の患者が亡くなったことは告げませんでした。病院での患者の死はそれが荘厳でもなく、悲痛でもなく、日常茶飯事の事実として起こっているかのように見えました。一見、誰も病院での患者の死に気をとめないような感じでした。しかし、自分が見舞い人としてではなく、患者として回りを見てみると、「次は俺かな」なんて誰もが思っていることがよく分かりました。皆の何気ない表情にそれが現れていましたから……。病院では、重症の患者の方が「俺の方が重いんだ」といって幅を利《き》かせている感じでした。また、他人の手術内容も気にかかるらしく、私にどんな手術をするかしきりに聞いてくる五十歳位の男性がいました。私と同じように膀胱と腎臓を摘出しなければならないと診断されたようでした。ただ彼の場合、腸を取って膀胱にする手術をする予定のようで、同じ様な手術をする人間を探していたようです。寂しかったのでしょうか。

また、六十歳代の男性がいて、こちらが容態を聞くと、パジャマをはだけて、腰に巻きつけた人工膀胱を見せるのです。私はこうした人たちから努めて離れようと思いました。彼らと話をしていると、病気のことが頭から離れず、気が滅入《めい》ってしまうからです。

浣腸から始まった検査手術

五月十九日、検査手術をすることが決まりました。前日の午後から食事は禁止となりました。当日の手術は午後です。手術の前に浣腸をしました。若くて可愛い看護婦さんに浣腸を受けるのですから、もう恥ずかしさを通り越してどうにでもなれという感じでした。蛍光灯が沢山ついている大きな部屋に一人簡易便器と共に残されて、便意が起こるのを待つ情けなさといったら、譬《たと》えようがありませんでした。

手術は、下半身麻酔で行われました。病室から手術室まで移動用のベッドに仰向けに寝かされて移動しました。動いていく天井を見つめながら、小さい頃テレビで見ていた「ベン・ケーシー」という医者を主役にしたアメリカのドラマのイントロシーンを思い出していました。手術室の手前の部屋に入れられると、奥のカウンターに一旦乗せられ、体だけ横にスライドさせ、手術室のベッドに移されていきました。天井にはテレビの手術シーンで見るようなライトがあり、周りには冷たい感じで医療器具が並んでいました。「いよいよ手術か」と、不安な気持になりましたが、そんな暗い心を紛らわせるために「大丈夫、大丈夫」と強く心で念じていました。

手術の前に、片方の足の裏にマジックインキで「土屋喜光」とフルネームを書かれました。もしもの場合、身元がわかるようにでしょうか。看護婦は何も告げてくれませんでした。手術は、メスで体を傷つけるのではなくて、性器から挿入した内視鏡を通して膀胱内部を見ながら、そこから癌腫などを器具を使って取り出す手法がとられました。まず、本番の麻酔注射そのものの痛みを無くすために予備の麻酔を打たれ、それが効いてきた後、背中を丸めさせ脊椎に麻酔注射を打たれました。麻酔科の医師が足をつっついて麻酔が効いているか尋ねます。「土屋さん、感じますか」と何度も確認を受けました。注射の後、除々に麻酔が効いてきました。手術が開始されました。施術の医師は二人で、一人は担当のY医師。あともう一人は誰かはわかりませんでしたが、二人の会話が聞こえてきます。

「ひどいな～」「だからなんだ～」「これ以上すると小腸までいくな～」……。

手術中、下腹部の皮が上下左右に引っ張られる感じがしていました。医師同士の会話が心にひっかかりつつ、開始から約四時間、検査手術はやっと終わりました。

Y医師は、手術後、佃煮海苔のガラス瓶の様な容器に入れた腫瘍部分を見せてくれました。腫瘍はツナサンドのツナのようなグチャグチャした感じでした。私が「少ないですね」と尋ねると、手術用の帽子とマスクを付けたままY医師が、「いや、多い方ですよ」と応えました。妻もそれを手術後、見せられたようです。

身体から三本の管が

　手術後、両方の腎臓から出ている管と性器にも管が入っていました。私の腎臓は腎不全を起こして手術に耐えられない状態だったため、手術に耐えられるように、腎臓に穴を開け、透明の管を通して、そこから尿を体外に直接排泄するように処置されていたのです。腎臓からの管には千ミリリットル程の尿が貯めることができる透明のバッグがつけられていました。それと膀胱の手術後、腎臓や膀胱から出る血液と腎臓からしみ出る多少の尿は性器に入れた管を通して体外に排出し、これにも尿バッグが取り付けられていました。左右取り付けられたうち、左の腎臓からと性器からの管には真っ赤な血が流れているのが分かりました。

　手術後一日目、仰向けにベッドに寝ている私の身体から三本の管が出ている状態で、最初は身動きができませんでした。徐々に慣れてきて、少しは動けるようになりました。この管に尿バッグをつけた状態で歩き回るのですからその姿はまことに滑稽《こっけい》でした。こんな状態でしたから、食事は立ってとりました。お風呂にも入れず、妻や看護婦さんに体を拭いてもらうだけです。こんなことがありました。ある時見舞いに来た妻が何かの拍子で性器から出ている管にハンドバッグを落としました。その瞬間、「ウッ！」と、唸《うな》りましたが、怒るというより情けなくなりました。

手術から四日目くらい経ったときでしょうか、「膀洗《ぼうせん》」といって、膀胱を洗う施術をされました。性器から出ている管の横に四センチばかり出ている管があって、医者がそこに洗浄液を入れた注射器を入れて、膀胱を洗うのです。看護婦二人が見守る中、何とも言えない感じが膀胱にしました。〝膀胱を洗ってもらっている……〟

もうとっくに羞恥心もなくなっていました。また、その時に性器から出ている管を抜くことになりました。性器の先端に巻き付けてある包帯を取って、管を引っ張り出したのですが、抜き出してみると性器から三十センチから四十センチも管が体内に入っていたのには驚きました。

ブルー・ジーンはもうはけない

五月二十八日、私はY医師より、「明日二十九日、検査手術の結果を報告するので、身内を呼ぶように」と告げられました。待ちに待ったというか、「大丈夫、心配ない」という気持が半分、いやな予感が半分の心境でした。

いよいよ結果の発表です。私と妻は指定された通りの小部屋に入りました。病院内に、寂しさの感じられる夕方の五時頃でした。小さな部屋に重苦しい空気が漂っていました。部屋の棚の上には泌尿器の模型が置いてあり、医師と話すテーブルの上には、泌尿器系の器官の詳しいイラストがありました。カーテンを隔てた奥ではお互いに小声で話しながら、看護婦が忙しそうに立ち働いていました。

そして、Y医師からの宣告が冒頭の内容だったのでした。

この時、色々な心配が頭をよぎりました。「手術費は、どのくらいかかるのだろうか？」「大手術だったら大変だ。保険で間に合うのか」「手術後どのくらい入院しなければならないのか。どのくらい有給で休めるのだろうか」「もし、手術後容態が悪かったら、どうしよう」「ああ、長男が来年高校受験でどのくらい入学金がかかるかわからない。私立に入りたい希望がある長男に夢を実現させてあげたい。それができるだろうか」「人工膀胱を体の外側に付けている生活はどんなんだろう」「どんな時にでも人工膀胱に入っている尿を気に掛けなければならない。人工膀胱を取り外して、便器に向かって尿を出している姿が浮かぶ。となると、夏も今までのように、海辺やプールで、サングラスをして裸で日光浴はできない。もしそうだとしても、途中で『ちょっと、膀胱の尿を出してくる』なんて、様にならない」「性器は完全に飾りとなるだろう。男じゃなくなる。考えられない、とんでもない。バカヤロー、アーヤダヤダ」

私は、最初から断固手術を拒むことに決めていましたが、手術拒否の一番のきっかけは、本当につまらないことでした。

「人工膀胱になんかなったら、絶対にもうブルー・ジーンははけない。それに合わせたウエスタン・シューズもはけない。あこがれのレザー・パンツもはけない。アーヤダヤダ」

これが決め手となりました。こう考えると、そのことが実感として感じられて、俄然《がぜん》手術を拒む決意が固まりました。

なぜ私がそれほど「ブルー・ジーン」に拘《こだわ》るのか？　これは余談ですが、日本でテレビが普及し始めたのは、昭和二十七年生れの私が幼稚園の頃でした。その頃の番組は、アメリカから輸入された作品が多く、中でも「ララミー牧場」などウエスタンものには子供心にも大いに影響されました。正義感があり、強くて逞《たくま》しい主人公、ジェス・ハーパーが身につけるブルー・ジーン、ウエスタン・シューズ、テンガロン・ハットはまさに男らしさの象徴。それらへの執着とこだわりは私と同じ頃に生まれ育った人間にしか分からないでしょう。日本の文化を身につけた上に、アメリカ文化を享受したのではなく、いきなりアメリカ文化でしたから、アメリカへの憧《あこが》れは強烈でした。大人になって生長の家に触れて初めて日本の文化の素晴らしさに目覚めるに至ったわけですが……。

というわけで、ブルー・ジーン・ウエスタン・シューズ、これは、大人になった今でも自分のアイデンティティーを証明するものという感情が離れないのです。こんな非常時に何て自分はつまらないことを考えているのだろうと自分でもいやになりました。が、恥ずかしいことながら、このことが一番のイメージとして頭の中で広がって、私の行動を決めさせたのでした。

Y医師との押し問答

Y医師に対して、私は力を込めて、断固手術を拒み、「生長の家の御教えで治癒したい」とお伝えしました。そして、生長の家宇治別格本山の練成会に参加したい旨、Y医師に訴えました。私はなぜ宇治に行きたいと思ったのかわかりませんでした。長崎の生長の家総本山（西彼杵郡西彼町）でも飛田給の本部練成道場（東京・調布市）でも良かったのに、なぜかその時、「宇治に行きたい」と言っていました。

私とY医師とで、摘出するのしないのと半ば、押し問答に近い状態の後、Y医師は、私に「なぜ膀胱等摘出がいやなのか」と尋ねました。私は、「誰だっていやに決まっている、人ごとだと思いやがって。こんな状態になったら貴様も嫌がるに違いないぜ」と、心の中で吐き捨てました。

土屋「膀胱を摘出して、人工膀胱を体の外に付け生活するなんて面倒でしょう。こんなことでは、まともな社会生活は出来ないじゃないですか」

医師「同じ様な手術を受けた人は世の中には沢山います。立派に社会生活を送っているんですよ」

土屋「じゃあ、夫婦生活はどうなるんですか」

医師「それはもう元の通りには戻りませんね。ただ、元に戻るようには努力はしてみます。神経を繋《つな》げるとか……」

さらにY医師は、これ以上放っておくとひどいことになることを強く主張しました。考えてもぞっとしました。一瞬その最悪のひどい状態が頭をよぎりました。「病気はない」と普段から信じていた私でしたが、Y医師のコトバの強さに負けそうになりました。生長の家の真理を知らない人たちは、こんな医師のコトバの力で催眠術でもかかったように、癌を自らの力で大きくしていくのではないかと思いました。何せ催眠術をかけられた人は、蝋燭《ろうそく》をバナナと暗示されると、それを美味しそうに食べるというではありませんか。私は、医師が手術をすることが医者が患者にできる最高の処置であり、愛情であることが分かりましたが、どうしても手術を受ける気にはなれませんでした。

病気の専門家VS心の専門家

私は、そこで初めて、私が生長の家の教えを説く講師であることを明かしました。不本意ながら入院したが、病気は心の反映であり、心が変われば、病気は治るという生長の家の教えを伝え、自分の断固たる意志を伝えました。

医師「それでは全ての人の病は、心が原因であるか」

土屋「そうです」

医師「病気は誰でもするのだ。病気については自分の方が専門だ」

土屋「私も、『心』の病を治すある意味では医者であり、生長の家の本部講師として、今まで沢山の人に真理の話をしてきたのだ。自分が癌になったら、その部分を摘出してしまって、『病気は無い』なんてことは言えない。そんなことをしては、自分の過去の生活を全部否定することになる」Y医者は、半ばあきれ、頭を抱えていました。多分こんな往生際の悪い患者は初めてだったに違いありません。

Y医師は、私の上司に電話したいので、電話番号を教えてほしいと言いました。私は、上司も私の意思を尊重するに違いないといって、その申し出を断りました。一般の患者は、医者の威厳にひれ伏し、医者の言うことは絶対だと思っているのでしょう。私はそうではありませんでした。

私達夫婦とY医師との一時間掛けての話し合いは、平行線をたどりました。Y医者は「もう一日考えて、明日にもう一度話し合いましょう」と提案し、その日の話し合いは終わりました。部屋を出た私達夫婦は、病院の角にある休憩所に下がり、長椅子に腰掛けました。

そして、こんな状態になってしまった私自身の責任を妻に語りました。私も涙し、妻も泣きました。

膀胱摘出か練成会か

そして一夜明け、私達夫婦とY医師とで話し合いが再度行われました。が、私の決意は変わることはなく断固として手術を拒みました。私は、膀胱、前立腺、左腎臓等を摘出して、仮に助かったとしても、絶対に喜べない。だからここで折れては絶対ダメだと思いました。例え手術によって癌が治癒したとしても、心が変わらない限り必ず転移するに違いない。また、自分の信念を貫けなかったという敗北感は一生消えないように思えました。その悲しみはきっとまた、病気を誘発すると思いました。医師は、私の膀胱癌は、膀胱下部にあるため尿道が詰まっており、排尿が困難であり、外出は無理であると主張しました。それでも何とか練成会に行かせて欲しいと訴えました。必死に医師を説得しました。Y医師は、練成会で治らなかったらどうするかを執拗に尋ねました。

医師「もし、癌が消えなかったらどうするんですか」

土屋「いや消えます」
医師「だから、もし、消えなかったらどうするんですか、と聞いているんです」
土屋「いいえ、消えます」
こんな風に私は、絶対に癌は消えるから行かせて欲しい、と必死に主張しました。
医者は、私の体は左腎臓が衰弱していて、血液を造るに必要なホルモンが腎臓から出ていないため、危機的な貧血症状で、「平常値が一・二なら貴方のは六である」と言っていました。また、膀胱内が癌で覆われていて、尿が出ない。それが原因で、腎不全を起こしている。この治療のために、私の左右両腎臓に管を入れ、そこから尿を出し、外に着けたバッグに尿を溜める施術をしたことを告げました。
しかし、最後はあきれ果て根負けした医師は、外出するならその尿バッグを付けたままなら良いと折れました。また、それなら退院も早いほうがいいということで、六月五日(月)に退院ができることになりました。私には、それが奇蹟と感じました。「ヤッター」思わず心の中で、ガッツ・ポーズをとりました。このY医師との話し合いに勝利すれば、全てが自分のペースで運び、必ず治癒できると確信していたからです。

義母の痛いお諭し

退院の折りには、義父と義母が車で迎えに来てくれました。義母は生長の家の地方講師なので、私はお説教をされました。わざわざ生長の家の日訓『ひかりの言葉』を持ってきて、四日のそれを私に見せながら、「土屋さん、理屈でわかっていても行をしなければダメよ」と痛い所を突いてきました。その日訓の言葉は「真理は理屈ではなく実行によって体得される」。まさにその通り実行に欠けていた私ですから、ただ「ハイ」と答えるだけでした。母が既に亡くなっていないので実母と同じです。親の有りがたさが身にしみました。

私は兄や姉に病院での結果を逐次報告していました。私は、膀胱や腎臓の摘出手術は断り、生長の家の宇治別格本山に行って治すことを伝えました。生長の家を信じていない兄は、医者の勧めるままに手術をしろと電話で言ってきました。私が「医者は切れというが、大丈夫治る」と言い、兄は、「いいから医者に従え」と言う。続いて「もしものことがあったら、だれがお前の子供の面倒を見るんだ！」と、大声です。兄が愛情で言ってくれているのはわかりましたが、私の気持は変わりませんでした。埒《らち》が空《あ》かずイライラした兄は最後はケンカ腰でした。「勝手にしろ！」「ああ、勝手にするよ！」それで電話を切りました。

兄弟とは不思議なもので、不快感はありませんでした。

健康食品か御教えか

かくのごとく言葉によって退路を断ちました。とにかく、前を向いて信念を貫くしかありません。私は、これからが勝負ということで妻に一つの提案をしました。それは、癌を治癒するために、自分に合った健康補助食品を摂取することでした。入院してからというもの、私は新聞や折り込みチラシ、生長の家の普及誌などの広告に載っている健康補助食品には敏感になっていました。また見舞いに来た友人が「ミキプルーン」がいいと言って見本をくれたりしていました。そのほか、アロエベラ、クロレラ、アガリクス、卵油だとか、それらはどれも効果が現れるまでには数十万から百万円位かかる高価なものばかりでしたが、絶対に効果があると宣伝されているものでした。私は、これらのうち自分に合う食品を選んで服用してみたいという提案だったのです。しかし、妻の反応は、私の予想外のものでした。妻は、「それでは宇治の練成会に行く必要はないのではないか。あなた、健康補助食品で癌を治癒するの？　生長の家の御教えで癌を治癒するの？　貴方の考えていることが全く分からない」と嘆《なげ》くように言いました。暗に妻は、「生長の家の御教え一本に頼るべきだ」と主張したのだと思いました。この妻の厳しい一言がこれからの私の決心を不動のものとしました。私も覚悟を決め、生長の家の御教え一本に頼ることにしました。本当の意味で「背水の陣」を敷きました。

十七日間の勝負

練成会への参加を承諾してくれたY医師は、練成会の後、検査をすることを最後に告げました。日程は六月二十二日です。退院の六月五日から数えると、検査日の二十二日までたったの十七日しかありません。もし、その間によい結果が得られなければ手術を決行するといいました。私は、医者がそんな手術を強行する権利はない、私の承認がなかったら手術ができないはずである、と主張しました。しかし、医者からすれば、私の症状は相当な状態になっていたのでしょう。

ところで、どんな健康補助食品を飲んでも、最低一年や二年は掛かるようでした。尿療法でも効果が判るのは最低でも三ヵ月は必要でした。検査までに残された十七日間では、健康補助食品の効果はとても間に合いません。これでは確実に医者の思うツボでした。こんなことからも私は、効果が出るまでに月日のかかる健康補助食品を捨てねばなりませんでした。健康補助食品を摂取したり、尿療法を実施することは本人の自由です。但し、私にとっては、自分の体にある「癌」や「腫瘍」を肯定して、それに対抗する物質療法として考えていたことに気がつきました。「癌」や「腫瘍」は無いと否定して、物資次元とは異なった高次元の癒しを望まなければならないと思いました。生長の家の信徒の体験では、「癌」など、本当に忽然と消えるのです。私は、「生長の家の御教えで治そう、神様に全托しよう」とますます決心が固まりました。

一日中『甘露の法雨』を読誦

そこで、六月五日から宇治別格本山の一般練成会の始まる前日の六月九日まで、時間がある限り聖経《せいきょう》読誦《どくじゅ》することにしました。よく祈願のために「千巻読誦」をすることがありますが、今回の場合は五日間しかありませんでしたから、とにかく数多く読誦することを目標にしました。毎日、自宅の仏壇の前で、『甘露の法雨』、『聖使命菩薩讃偈』、『天使の言葉』、『続々甘露の法雨』を出来るだけ多く誦《あ》げました。

以前、或る信徒の姉妹の方が乳癌に冒された時、ご本人と信徒仲間の方が聖経『甘露の法雨』を一定期間読誦することで、乳癌が治った体験があったことを思い出しました。私をその体験談をご本人から直接聞いて感動していたので、聖経読誦に力が入りました。雑念が入ろうが、意味が分かろうが関係なく徹底的に聖経読誦することによって、そのコトバのヒビキで必ず救われるという確信を持ちながら読みました。読誦していると、自分でも身体が楽になるような気がしました。もちろん一日中聖経を読むことは大変なことでした。こんな事がありました。朝から晩まで、途中少し休みを入れてながら読むのですが、飽きてしまうのです。ある時、休んでテレビを見ていたら、「貴方、聖経は?」なんて妻に言われて、「いけね~」と思い直して聖経を読み続けたこともありました。

聖経読誦の功徳は、実に素晴らしいものでした。膀胱内が腫瘍で覆われていて、尿道も侵されていて、膀胱から尿道に続く穴が塞がっていると医者から診断されたにもかかわらず、聖経読誦を開始して二日目からは、性器からの排尿が一時間に百ミリリットルほど定期的に出るようになりました。私は本当に聖経『甘露の法雨』読誦の素晴らしさに驚嘆しました。そこでまた、絶対に私は癒されると確信しました。

宇治への万全の準備

いよいよ練成会参加のために宇治別格本山へ出発です。期間は六月十日〜二十日まで十日間。医者から指示された通り、腎臓に管を付けたままの練成会参加です。私達夫婦は、病院で看護婦さんに携帯用の尿バッグの付け方とはずし方、また腎臓からの管が出ている背中の傷口を消毒する方法を教えてもらいました。風呂に入ったりシャワーを使う時は、尿バッグをはずし、管に栓をして入らなければならないからです。それに合わせて医療用品も購入しました。防水製の絆創膏、脱脂綿、ガーゼ、消毒用ベンゼン、それを浸すタッパー・ウェアー、交換用の携帯尿バッグ一式、尿バッグの排出口を洗うエタノールなど。薬は朝昼晩の食後に服用する抗生物質を医師から受け取りました。

尿バッグは上部に二穴、下部に二穴あるビニール製の物で、その穴に対して、横にゴムのベルトを通して大腿部に直接取り付けます。ちょうど二丁のガンホルダーを太股に下げたみたいでした。大腿部にぴったりなので、その上からズボンをはいても、外面からは尿バッグを付けていることはわかりません。Ｙ医師や看護婦さんからは熱が出たり、腎臓が腫れたら必ず電話をするように、と念を押されました。また、絶対に管がはずれないようにすることを注意されました。客観的に見れば窮屈な状況でしたが、心の中はこの練成会で必ず良くなるという自信と希望と、そして「ああ、病院から離れられるー！」という叫びたいほどの解放感で一杯でした。

ずり落ちそうな尿バッグ

宇治への行程は約五時間。まず自宅のある川越から一時間半ほどかけて東京駅に出ます。東京から京都までは新幹線を利用し、京都駅でＪＲ奈良線に乗り換えて宇治まで行きます。尿バッグは一時間に百五十ミリリットルほど溜まります。それが思ったより重く、専用のゴムバンドで尿バッグを両太股に着けているのですが、百五十ミリリットル以上溜まると重さでバッグがずり落ちてきてしまうのです。新幹線の車中では三回トイレに行きました。あまり溜まり過ぎて重い尿バッグをつけてトイレに行くのは大変です。ロボットが歩くようにすり足状態になります。ズボンの上から太股に巻いたゴムバンドを押さえて歩くこともありました。きっと乗客からは滑稽に見えていたに違いありません。さらに苦しかったのは、腎臓からの管が背中の両側から出ていたため、シートの背もたれに完全に身体を預けることができなかったこと。もたれかかれば管がずれてしまう惧《おそ》れがあったからです。

尿バッグの交換や背中の傷口の消毒などかなり手間が掛かるので、どうしても妻と一緒にいかなければなりません。でも、私の身体を気づかう妻は、いつもよりちょっとやさしく、新婚時代以来の二人きりの旅が嬉しくもありました。

聖歌に涙がこぼれる

久しぶりに訪れた〝魂のふるさと〟宇治別格本山。境内に立つ練成道場の建物は新しくなっていました。そして練成会は素晴らしいものでした。なぜか、講堂で生長の家の聖歌を歌うだけで涙が流れました。聖歌は職場の朝礼などでいつも歌っているのですが、宇治には癒しの波動が充満していることが感じられ、その中で歌うからなのだと思いました。これは今までにない体験でした。

練成会の指導講師の講話一つひとつに感動しました。傍《かたわ》らの妻の講話を聴く態度にも気合いが入っていました。二人とも久しぶりの練成会参加ということで、講話には必ずメモを取っていました。私は、神様はこの世界をコトバで創造され、私達人間は神の子であるので、自分の運命や健康は自分が発するコトバで造られることを再確認しました。宇治別格本山で総務を務める楠本加美野講師の話は徹底的に〝病気なし〟の講話でした。楠本講師が、しわがれた声と諭《さと》すような独特なリズムで「癌は治らないんですよ。癌は絶対に治らないんですよ。癌は消えるんですよ」と語るコトバに勇気が出ました。また、「医者は癌が出たら慌《あわ》てますが、生長の家では症状（癌）は出たら消えるんですよ」のコトバにも力強い安堵感を感じました。それは何度も聴いたり読んだりした言葉でもありましたし、自ら何度も講話で話させていただいた言葉でした。しかし楠本講師の口から出る言葉には人を納得させる力強さと重みがありました。

母からのプレゼント

宇治に来て練成会を受けながら、昭和六十一年に亡くなった母が身近にいるように感じていました。私は今年一月に念願の母の永代供養をしたところでした。昭和四十四年に亡くなった父のために永代供養をしていましたが、母の永代供養はそれまでしていませんでした。気にはかけていたのですが、その後仕事の関係で渡米したことなどもあって、なかなかしてあげられませんでした。今年、思い切って家内に相談して母の永代供養をすることができたのでした。私がこのような状態になって、宇治に来ることができたのも、霊界の母からのプレゼントだと実感できました。

待ちに待った浄心行

毎朝の聖経読誦に神想観、実相円満誦行や先祖供養祭など充実したものでした。特に練成会五日目、宝蔵神社の大拝殿で行われた「浄心行」は素晴らしいものでした。腎臓や膀胱といったところの病気は、悲しい心の反映と聞いていましたので、参加する前から「浄心行」を楽しみにしていたのです。「浄心行」とは、潜在意識にある憎《にくし》みや、怒りや、恐怖や嫉妬《しっと》を紙に書きつけてそれを『甘露の法雨』を読誦しながら焼却し、それと同時に今後はこのような憎み、怒り、恐怖、嫉妬等の神の子らしからぬ思いをしません、と懺悔《ざんげ》する行です。私は、今まで思っていたありとあらゆる「恨み」や「迷い心」を、配られたB四の紙に隙間《すきま》がないくらいに書きつけました。妻の前では思い切って泣けないので、「ママ、この間だけは少し離れて居ようよ」ということで、浄心行の紙を燃やす火鉢がおかれたところから、左右に分かれて行事に参加しました。

「浄心行」では、祈りの言葉と聖経読誦のあと、先導者が父母への感謝の言葉を唱え、参加者が復唱することを繰り返します。始めはなかなか泣けないかなと思いました。先導者の「おとうさ〜ん、ありがとうございます。おかあさ〜ん、ありがとうございま〜す」に続けて「おとうさ〜ん、ありがとうございます。おかあさ〜ん、ありがとうございま〜す」と叫びます。すると先導者の何とも言えない子供が親にねだるような甘えるような、そんな言葉の響きに、どっと涙が出始めました。父は私が十七歳の時、他界しましたが、小さい頃私と父と二人が写っているセピアカラーになった写真を思い出しました。写真の中の父は少し笑顔で、その笑顔に私への愛が感じられました。また私が幼稚園の時、どんな理由で行ったかは忘れましたが、母と一緒に医者に行った帰りの情景が浮かびました。夕方で沈みかけている太陽の光が遠くに見える煙突や建物の陰影だけをはっきり映していました。こんな質問をしたことを覚えています。「おかあちゃん、ぼく死んだらどうするの？」その時の母がどんな返事をしたのかは記憶がありません。ただ小さかったので、ずいぶんと自分の手を上げて母の手を握っていたことを覚えています。

そんなことが次から次へと思い出され、涙があふれてきます。泣くたびに体がふるえ、またその度に患部の腎臓も震えました。これは泣いて体が震え、その振動が伝わって腎臓が震えるという感覚ではなく、明らかに腎臓が自分の意思とは別に振動しているのでした。そのうち「おとうさ～ん、おかあさ～ん」が言えないくらいになって、ただただ号泣するばかりでした。私は、その時「これで病気が癒される」と思いました。

「浄心行」が終わり照明が明るくなると、離れていた妻を捜して、合流しました。「おれ、がんがん泣いちゃったよ」と話しかけると、妻も「よかった」と語り合い、お互い泣き腫らした顔でしたが、気分は爽快《そうかい》そのものでした。

あっ、腫れてない！

「浄心行」が終わったあと、二人で控え室に入りました。風呂に入るために背中の傷口のガーゼを妻が張り替えようとした時です。「あっ、腫《は》れてない！」びっくりした声で妻が言いました。実は妻によると練成会に来て二、三日目ぐらいから傷口のある周辺が両方とも腫れていたというのです。私が心配するからと思ったらしく、その症状は私に告げなかったようでした。一方、私自身も練成会の素晴らしさとは裏腹に、宇治に来て三日目ごろから体がだるくなり、腰に少し痛みもあったので、患部が腫れているかもしれないなとうすうす感じてはいました。その腫れが浄心行のあと、消えていたのでした。また、膀胱下部にあったシコリのようなものも無くなったような感じがしました。

加えて、練成会参加前の聖経読誦を始めてから少し出るようになっていた尿道からの尿の量は順調に増えてきていました。私はこれで膀胱腫瘍が癒されたと思いました。また腎臓も治癒されたと思いました。仮にY医師より膀胱内に腫瘍が残っていると言われても、「出れば治る」を信じて、これから先、膀胱等の摘出手術を断わり、明るく生きていこうと決意しました。

みっちり十日間の練成会は六月二十日の昼で終了しました。二人は閉会式が終わるや否や昼食のカレーも食べず、お世話になった方々への挨拶もそこそこに宇治を出発していました。家に残して来た子供達と早く会いたいという気持があったことと、練成会前にある約束を妻としていたからでした。それは、宇治に向かう新幹線の車内でのことです。「練成会に参加して良くなったら、帰りに京都駅で豪華な駅弁を買って食べよう」と二人で決めていたのです。私達は約束通りに、京都駅で、少し奮発して懐石弁当を買いました。練成会でのことを振り返り、「よかったね」「よかったね」と語り合いながら車中で食べる駅弁の味は、また格別でした。

聖典の読み方が違っていた

入院中も、退院後も、谷口雅春先生著『心と癌』、『神癒への道』を精読していました。この二冊は自宅の書棚にある数ある聖典の中で今回の大事件に合わせて、タイトルに惹《ひ》かれてピックアップしたものでした。以前にこれらの本を読んだときにはそれほど感動はしませんでしたが、その時とは本を読む状況が違っていました。聖典の拝読によって自分の病気に対する姿勢、神への強い信仰が確立しました。『心と癌』では、癌が癒された数多くの体験例に勇気がでました。『神癒への道』では、医者が何と言おうと、医者は吾々の体を作った存在ではない。大生命は、骨なき卵細胞から骨をつくり、内臓なき卵細胞から内臓をつくったのであるから、体の欠陥くらいは簡単に直すことができると書かれてあり、「病気なし」を徹底する理論が書かれてありました。

この世界を「実相」と「現象」に分け、実相のみがアリ、現象は単なるアラワレである。それは充分判っていました。しかし、それを生活に生かすには「病気はナイ」「物質はナイ」と気合いを込めて、「病気」や「悪」と見える現象を切らなければならないことが判りました。「病気はナイ！」これこそが人間智や理屈を越えた世界に自分自身を誘う最高の活人剣であることが判りました。若いころから生長の家に触れて、「病気はナイ！」というコトバの力の功徳を信ずることができず悩んでいたことがありました。他の講師がそれを言う度に、「そんな簡単じゃないよ」なんて……。それを理屈で理解しようと努力し、聖典でその箇所を何度も読み返して判ったつもりでいました。つまり「病気はナイ！」、その意味は「病気はアラワレ」なんだと……。しかし、実際自分で病気にかかってしまうと、それは確かに正しい理解ではあっても、アラワレている病気にとらわれるのです。そんな時、「ないものはナイ」「病気はナイ！」と気合いを込めて、「現象」と「実相」の二股をかけている自分を完全に実相世界に持っていかなければダメなんだと……。そうすれば、コトバの力が働いて、そのコトバが大宇宙に印象され、そのコトバを受けて大宇宙が「病気なし」の状態をつくるのだ。力みも何も要らない、全てが大宇宙である神が癒してくれるのだ、ということが判りました。

練成会後の検査

練成会から帰った二日後の六月二十二日、「よい結果が得られなければ摘出手術を決行する」と言われた検査日が来ました。退院する時は、この検査日までに癌を治さなければならない。そうでなければ膀胱や腎臓が取られてしまう、そんなギリギリの心境でした。しかし、宇治の練成会を受けてから、その「治さねばならね」という気持がいつの間にか消えていました。そして、癌があってもなくてもよい。例えまだあると言われようが、「それは消えていく姿だ」と思える自分になっていました。検査を受けるために、久しぶりに病院の担当医Y氏を尋ねた時も、なんの不安もありませんでした。

その日は、尿検査と血液検査をしました。Y医師は、私の退院時と打って変った健康そうな姿にちょっとびっくりしたようでした。そして検尿結果から話し始めました。

医師「肉眼では分からないんですが、顕微鏡で見ると出血があります」

土屋「そうですか」

二人とも驚きもせず、淡々とやりとりをしました。またエコーには、癌の存在と思える影が膀胱下部にありましたが、Y医師からは「腎臓の方は正常」と言われました。私は、自分がメモしていた腎臓からでる尿量と、膀胱を通してでる尿量の記録ノートを見せました。膀胱から確実に尿は出ていました。Y医師は、「おかしい、おかしい」と連発し、尿が膀胱を通して出ることを不思議がっていました。

そこで私は、医師に腎臓に入れている管を取るようにお願いしました。医師は、それは自殺行為であると言って拒みました。しかし、私は膀胱から確実に尿が出ている事実を主張しました。医師は、「一度に両方の腎臓に入れてある管と尿を溜める尿バッグを取ることは危険だから、先ず様子を見て、その結果がよければ腎臓に管を入れたまま、栓をして経過を見ましょう」ということになりました。

一週間後の六月二十九日の検査日、血液検査の結果、腎臓に異常がないことがわかりました。医師は、先週の予告通り、腎臓に管を入れたまま、両方の管に栓をして様子を見よう、と言いました。管を抜く準備段階です。二つの管の末端に取り付けてある尿バッグをはずし、替わりに、鉛筆キャップのようなものを管の末端に付けるのです。こうすると、尿はもうバッグに入りません。もし、膀胱癌が尿道まで進んでいたら尿が行き場を失って危険です。

管の末端に栓をしてから一週間後の七月六日に検査を行い、体に異常がないことがわかりました。先にほとんど機能しなくなっていた左腎臓に入っていた管を抜きました。完全に機能している右から先に管を抜けば危険だったからです。七月七日、右腎臓で完全に尿が造られ、それが膀胱に貯まり、問題なく尿道から尿が排泄されているかどうか確認するため、造影剤を打ってレントゲンを撮りました。

七月十三日、七月七日の検査結果が出て、全く問題がないことがわかり、お願いした通り、残っていた右の腎臓に入っていた管を取りました。そして、早く仕事に復帰したいと思っていたので、医師に、「出勤は可能である」というメモを書いて欲しいとお願いしました。が、医師からは断わられてしまいました。

職場への復帰

七月十四日、早速上司である生長の家本部総合企画室、雪島達史次長に連絡し、出勤の願いを申し出ました。雪島次長は医師より「出勤しても良い」という〝お墨付き〟がどうしても必要とのことでした。そこで、医師に再度連絡して、正直に診断書を書いて下さい、とお願いすると、意外にも快く承諾してくれました。診断書の内容は、膀胱腫瘍であるが、小康状態であり、出勤が可能、だが、通院は必要というものでした。七月十七日、本部に診断書を提出して出勤の許可をいただき、翌七月十八日に本部に出勤しました。七月二十七日の検査では腎臓に異常はないが、まだ膀胱に腫瘍らしき影があるとのことでした。が、以後身体に変調はなく、膀胱からもきれいな尿が出て健康そのもので生活しています。

私は、完全に膀胱癌が癒されたと確信しています。排尿は順調です。入院前は、手がまるで黄疸のように黄色い色をしていました。足がむくみ、足の皮に幾筋の亀裂が入っていました。極端に喉《のど》が渇《かわ》き、一リットルの炭酸飲料を一晩で飲みました。水を飲んでも喉の渇きが治まりませんでした。尿意は十五分おきに起きました。全く寝られない状態でした。

それが今では全くそのようなことがなくなりました。夢のようです。私は善なる神の存在を確信しました。また、本当に、体をもって聖経『甘露の法雨』の素晴らしさを体験しました。また、今、生長の家がこれほど必要な時期はないと思いました。わずか一ヵ月足らずの入院生活でしたが、沢山のことを学びました。

周りの人達の愛念

私の所属していた総合企画室では、同僚が交替で私のために毎日聖経を読誦してくれたり、神癒祈願を出していただいたことを伺いました。また雪島次長には、入院のころからご心配をおかけしてしまいましたが、雪島次長が宇治別格本山に以前勤務されていたことから、私が宇治で練成を受けたいと申し出たとき、何かと便宜をはかっていただきました。例えば直接、楠本加美野総務へ連絡して、私達夫婦が練成会参加の間、個室を使用できるように手配していただきました。そのお蔭で入浴の後、管を入れるために開けた背中の傷の処置などを他の参加者に気兼ねなく行うことができました。本当にこうした皆様の愛念でここまで健康になることができたと感謝の気持でいっぱいです。

子供にも迷惑かけました。十日間、私と妻が宇治に行き家を空けるため、子供達が食事から洗濯まで全てしなければなりませんでした。大ざっぱな長男は、喜んでいたようですが、良く気のつく次男はお兄ちゃんに頼まれて、洗濯や洗濯物を干したり、ちょっとした料理を作ったりと大変だったようです。義父や義母ももちろん助けにきてくれてありがたかったです。姪が携帯電話を貸してくれて、妻が宇治にいながら子供達と細かなやり取りができ、大変重宝しました。もう、本当に皆様のお蔭で練成に行くことができたと思っています。

「人間神の子」を知ればこそ

私は、病院で沢山の仲間を見てきました。腎臓と膀胱を繋《つな》ぐ輸尿管に癌が出来た男性がいました。体力がないということで手術は不可能となり、苦しみ抜いて亡くなられました。

私の隣にいた男性は、腎臓《じんぞう》癌と肺に水が溜まる症状に加えて、糖尿病の影響で視力が落ち、つま先が腐り始めていました。毎晩「痛い、痛い」と苦しんでおられました。この方は、他の病院から、私のいた病院に送られてきましたが、結局手術する体力がないということで元の病院に戻されることになると聞いていました。この方の奥様は、パーキンソン病とアルツハイマーでほとんど寝たきりとのことで、私が入院している間、一度もお見舞いに来ませんでした。この方がこれからどうなるかと考えるだけで涙が出ました。

私が退院するとき、車椅子に乗った彼が、「土屋さんがいなくなると、寂しくなるなー」と言って寂《さび》しそうな目をした姿が忘れられません。彼にそれとなく、生長の家を紹介しても、弟が別の宗教だからといってやさしく断られました。私は、沢山の人が生長の家の御教えを知っていたなら、どんなに救いになるか、と痛感せずにはいられませんでした。

もし、私が「人間は神の子である」「病気はない」という生長の家の真理を知らなかったなら、私は甘んじて、手術を受けていたでしょう。そして、たぶん、敗北感や劣等感や後悔や憎しみいっぱいを胸に苦しんでいたでしょう。

御教えを全世界に

八月九日と十日に群馬県の水上温泉に快気祝いということで妻と次男の三人で行ってきました。自宅のある川越市から車で二〜三時間のところです。天神平のスキー場のリフトに乗って頂《いただき》に登り、谷川岳や、谷川岳から流れる小川を眺めながら、本当に健康になった喜びをかみしめました。風呂に自分で入れる、排尿も自然に出る、椅子にもたれかかることもできる、こんな普段気にも止めない日常の当たり前の生活がどんなに有難いかということも……。私の今回の体験は、生長の家の本部講師としては、本当に恥ずかしいことですが、敢えてここに発表させていただきます。癌は決して不治の病ではない。絶対に治癒できる。「いや必ず消える！」、この事実を日本だけでなく全世界に知らせたい。これが私の大きな願いとなり、夢となりました。そして、私のこの体験が癌と宣告された多くの方々への励ましになれば幸いです。

膀胱癌が完治した

藤本さんは膀胱癌となり八月の練成会に参加。神の子病なしの自覚ができ帰宅後、練成会のように行じていたら病は癒された。

香川県高松市　藤本準一（75歳）

私は去る七月三十一日から始まりました短期・写経練成会に参加させていただきました、香川県の藤本準一でございます。

この練成会に参加させていただきました経緯とお礼を申し述べさせていただきます。

私は去る五月に風邪が長びき、近所の医院で診察を受けましたところ、尿に潜血反応があり、県立病院の泌尿器科を紹介していただきました。膀胱《ぼうこう》の内視鏡検査をした結果、膀胱に腫瘍が認められ、これが潜血の素《もと》で手術の必要があるとの診断でした。早速入院して尿道から内視鏡による腫瘍切除術を施行し、病理検査に出した結果、膀胱癌と認められ膀胱摘出手術の必要があるとのことで、その日程等について説明を受けたのであります。

手術までに十数日間ありましたので、妻が長年生長の家に入信しており、宇治の練成会にも幾度か参加させていただいておりました関係から、私と宇治に参ることになり、七月三十一日に妻と一緒に入山いたしました。練成中は楠本先生をはじめ各先生からのご指導とお教えをいただき、特に楠本先生から個人指導をいただき「病気はない」と信じられるようになりました。

練成会が終わり病院の医師とお会いして、手術前にもう一度内視鏡による検査をお願いし、九月十一日に再入院し、翌日内視鏡による検査の手術を行ない、病理検査をした結果、九月二十日に医師から説明があり、膀胱内部はきれいに治癒しておりました。細胞検査の結果も癌細胞は認められず「この状態であれば手術の必要はない。今後は定期的に検査を受けるように」と云うことで退院することができました。

短期・写経練成会に参加させていただき、有難い御教えをいただき、帰りましてから、毎朝五時半には起床して、妻とともに神想観と聖経『甘露の法雨』を欠かさず読誦し、また、毎日『生命の實相』のご本をはじめ、土屋先生からお勧めのありました『心と癌』『神癒への道』を拝読しており、これらの御蔭と存じこれからも続けて参りたいと思っております。

大変ありがたい御教えをいただき、心から感謝いたしております。早速お礼をと思いながら大変遅くなって申し訳ありません。末筆ですが、いろいろとお教えを賜わり、お導きをいただきました先生方によろしくお伝えいただければ幸いです。本当にありがとうございました。

余命三ヵ月の肺癌に癒しの風が……

東京都練馬区土支田　福田貞夫（67歳）

福田さんは「肺癌余命三ヵ月」と云われ、昨年九月に夫婦で参加した。今回は夫婦で御礼のために参加した。

昨年の夏の団体健診で左肺に影があるから精密検査を受けた方が良いと言われ、大学病院にて精密検査を受けたところ、肺癌で余命三ヵ月と診断され、即入院を勧められましたが、それを断り家に帰り妻と相談した結果、宇治別格本山の練成会に行く事に決めました。私も大変ショックを受けましたが、生長の家の御教えの素晴らしさは幼い頃から父を通じて知っており、総本山の練成会に参加したことがありましたので、そんなに抵抗なく平成十三年九月の宇治の練成会に参加し、浄心行・笑いの練習等々、特に親の背中と思って畳ふきの時の父母の感謝の時には涙が止めどなく出て来て、本当に心が洗われました。元々自覚症状は無かったのですが、これで救われたと実感致しました。終了式には万才三唱の音頭を取らせて頂き、身に余る思いと感動で練成会を終え帰宅しました。

その後余り安心したせいか、遊びの方に夢中になり、ゴルフプレー中に右足つけ根に激痛が走り、左脚大腿部骨折で入院を余儀なくされ、一ヵ月位入院し、肺癌の方も診てもらったところ左肺の影が小さくなっている、この程度なら現在は医学が進んで居るから治療すれば治る、と言われ、大学病院に入院し、治療を受けました。入院中『生命の實相』を四十巻全て読もうと決め、読み始めました。途中余りの感動で涙が止まらない事が何回もありましたが、父の想いが解った事を痛切に感じ、これで癌が治る事を確信致しました。退院したら宇治へお礼に行こうと妻と決めて居りましたので、四月六日無事退院し、今回の伝道練成会に参加させて頂きました。

伝道練成会は初参加でありますが妻と二人で参加する事が出来、本当に幸せだなあと感じて居ります。何もかも新鮮で興味あるものばかりでしたが、二日目の伝道実践では宇治田原町へ参りましたが、太陽が燦々《さんさん》と降りそそぐ中、さわやかな風、きれいな空気の中で、ある家の前で『甘露の法雨』を誦《あ》げている時、うぐいすの声が聞こえ、まさに極楽浄土で自分の魂を浄めて頂いているんだと思い、何もかも忘れ非常に楽しい気分でした。後一日残して居りますが、しっかりと御教えを身に付けたいと思います。
今回の体験を通して得たものをより多くの人に伝え人類光明化運動に少しでも力になれる様努力致します。それと『生命の實相』四十巻完読を当面の第一目標と致します。皆様に心から感謝申し上げます。

福田さんの奥さんの手記を紹介します。

福田　優

昨年九月に主人が「肺癌余命三ヵ月」と云われ、二人で一般練成会に参加致しました。予想以上のすばらしい練成会で帰宅した翌日から、二人で五時から「行」を実行致しました。病気を治す為ではなく真理をしっかり自覚したいと思いました。主人は本当にすばらしく、時には泣き乍ら『生命の實相』を拝読しておりました。真理のお蔭で二人とも明るく病を乗り越えました。治ったら宇治に御礼参りに、と話しておりまして、こうして伝道練成会を受けに参りました。これから二人で御恩返しをさせて頂けます事を本当にうれしく思って居ります。今日伝道から帰りました主人の顔が晴々と輝いて居りました。思いもかけない大きな問題を頂きましたが、お陰様で主人は今生でしっかり真理に導かれました。これからしっかり神想観をし伝道をさせて頂きます。

夫の前立腺癌が消えた

川上良子（67歳）

川上さんから頂いた礼状を紹介します。十月初旬のレントゲン及び血液検査の結果、前立腺癌、腰の骨に転移とのことであった。十一月の一般練成会に参加した後、十一月二十一日〜二十五日にかけて市民病院にての精密検査の結果、癌はきれいに消えていた。

十一月の練成会に夫婦で参加させていただきました。十日間の練成会が終わり、紹介されておりました市民病院に行きましたところ、診察を終えられた先生は首をかしげられ「もう一度詳しく調べましょう」と十二月二十一日から四日間の入院検査に入り、一月十三日に「病気なし」との結果が解り、主人の病気（前立腺ガン）が消えておりました。ありがとう御座いました。

十日間の練成会は初めてでしたが、その素晴らしさに感激しております。主人の病気の事を知った時、私はハッとしたのです。〝きっと主人は私に優しくなってほしいと思っているのだ〟と気付いたとき、涙が止まりませんでした。主人は私には特に優しくしてくれる人で、それをいいことにして私は自分のすきなように振るまってまいりました。主人には病気のことをそのまま告げることも出来ず、一人で詫《わ》び乍《なが》ら泣きました。

幸いに宇治で短期の練成会が有ることに気がつき、一人で一泊の浄心行に参加し、主人に詫びる浄心行をしました。

楠本先生にお話をしましたところ、「聖経を誦《あ》げなさい、病は消えるから。そして十日からの練成会に連れていらっしゃい」と言われ、二人で参加することになりました。

楠本先生から「仲が良いだけでは駄目ですよ、感謝しなくては」と言われた時、頭を何かで打たれたようにハッとしました。感謝、感謝、感謝、忘れておりました。本当に感謝が足りませんでした。

今まで、主人は末子でしたので両親の供養は本家でなされるものと思い手を合わせているだけでしたが、これを機に両親の永代供養をと思い、練成会に行きました時にお祀りして頂きましたのも夫婦の喜びとなっております。今は二人で生長の家の御教えに感動しながら友人に語り伝えております。

次にご主人からの礼状を紹介します。

此の度の錬成会につきましては、私は何も知らず家内の言うがままに参加致しました。帰りましてから聞いたところによりますと、行きつけの医院で、私の前立腺肥大がガンであると聞かされたとの事でした。

錬成中は先生方の御教に感謝し、ただ頭の下る思いで御座いました。帰りまして予約の検査入院（五日間）の結果が良くなっていた事、知らないまま家内から知らされて、生長の家の素晴らしさにただ驚きと感謝する次第でありました。暖かくなりましたら参拝してお伺いするつもりで居ります。誠に有難う御座いました。厚く御礼申し上げます。合掌

娘を赦し肺病癒える

中島正子（63歳）

幼い孫娘を残して家出した娘が、ヤクザの男と結婚、十年ぶりに姿を現わした。中島さんは娘夫婦に脅迫された。金品を奪われ、最愛の孫娘まで連れ去られた。中島さんはすがるような思いで宇治の練成会に救いを求めた。そこで、彼女は生まれてすぐ養女に出され、実父母が彼女のために苦しんだ、その苦しみを娘が教えてくれた、と感謝出来た。

そして憎しみが消え、すべてを赦せる気持になった時、肺病は消えていた。

数奇な人生

振り返ってみますと、私の人生は小説にもなるような数奇な多難な道のりでした。

生まれてこの方、父の顔を知らず、母には、生後五ヵ月より育てていただいた義母に無理を言って、私が高校生の時に一目会わせてもらいました。初めて会った母は、「大きくなったわねぇ」と一言。私が「せめて一枚写真を写して」と言ったら、「仕事中なの」と母。義母が「お茶にしませんか」と言ったのに、流れて来たタクシーに乗ってサッと行ってしまいました。十七歳の秋でした。父のことを名前だけでも聞きたかったのに、と淋しい思いをしたことを今も覚えています。

それから二十歳まで、私は一人娘として幸せに暮らしました。そして結婚。親に背いて嫁に行った私は、物凄い暴力をふるう主人に耐えかね、二人娘の内一人を引き取り、里に帰って来ました。三年後再婚。またしても、殴る、蹴るの暴力で身体中傷だらけでした。一人娘が出来ていたのですが、その子と家を出ました。娘二人を抱え、親元にも帰れず（里は両義子を迎えていました）必死で働きました。

朝はヤクルト配達、昼は皿洗い、夜はスナックと涙を出している暇もなく働き、その間、長女の白血病死という地獄の苦しみ、哀しみを越えて、下の娘をやっと一人前に育て結婚させました。ああ、これで少しは幸せになれる。孫も生まれ、やっと春が来た、と喜んだのも束の間、二歳になったばかりの孫をおいて、娘はサッサと主人と籍を抜き、家を出て行ってしまったのです。

我慢しよう

それからは、二歳の孫を一所懸命に育て、五年生になった孫はご近所から、「なんといい子」「可愛いお子さん」と言われる良い子になっていました。父の代わり、母の代わり、そしておばあちゃんと三者をこなした十年近くでした。

平成十三年八月、孫の夏休みに突然娘が帰って来ました。孫を「遊びに連れて大阪に行く」と連れて行きました。私は〝久しぶりに会った娘と孫なんだ、我慢しよう〟と思いました。大阪から帰った孫は、「お母さんとおばあちゃんと三人で暮らせたらいいなぁ」と話すようになりました。

どうしてこんなに憎み合う

翌月の九月三十日、突然不幸が襲いかかって来ました。急に帰ってきた娘は男と一緒でした。ズカズカと入り込んで来た男は、

「ばあさん、夏休みはぎょうさん金を使ったぜ。娘に五十万ばかり貸したんや。貸した金返して貰いに来た。早よ出さんかい」

びっくりしてオタオタしている私に、

「早よ、渡して」

と娘が凄《すご》んでいます。ともかく五十万渡して「出て行って」と私は追い出していました。何がどうなっているのか、訳が分からず、ヤクザの怖さをヒシヒシと噛みしめ、ボーッとしていました。その時、また、

「ドアを開けんかい。話はついとらん。早くしろ」

「警察に言いますよ」

私は〝一一〇番しよう〟と電話の所に行きました。その時、窓ガラスが割られ、外から土足で入り込んできた娘は、これが長年苦労して育てたわが子なのか、と目を覆うばかりでした。

「ばばあ、この家に居られんようにしたろか。家屋敷売り飛ばすのわけないで。警察にぶちこんだろか」

命懸けで育てた娘にこんな仕打ち……。そして孫には、

「何度も何度も迎えに来てくれたのに、お母さんを家にも入れないで、私との仲を今日ま

で裂いていたのは、おばあちゃん、あんただって。ママから何もかも聞いた。私の児童手当や生活保護のお金使いまくって、お母さんに返してあげてよ。毎月お金送っていたとママが言った」

と睨《にら》みつけました。

〝国からお金受けて生活していた？　送金していた？〟

言葉も出ませんでした。誰の助けもなく女一人で生きて働き、娘・孫を大きくして来ました。

人の情けは随分受けました。昨年、乳癌の手術中、隣近所の人の情けに助けられ、二ヵ月入院した間、孫も私も涙、涙の月日を過ごしました。淋しいと言って泣いて電話する孫、飛んで帰りたくても帰れないベッドの上の私。どんなに辛い思いをしたかは、孫自身が一番分かっている筈なのに……。その二ヵ月の間、一度も帰って来なかった娘。ヤクザの女となった娘には、良心というものなどなくしたのでしょうか。

部屋中を掻《か》き回し、金目のものをすべて持って行きました。

「一一〇番、間に合わなかったね。あばよ」

その後、娘は警察に逆に私を訴えました。

「酷《ひど》い目に遭《あ》わされた。悪いのはあの女だ」

そして、さらに悪いことに、孫までもが母親である娘の嘘を信じて警察で証言したのです。私は警察で取り調べを受けることになりました。

〝家族なのに、どうしてこんなに憎み合うのだろう〟

と悲しくなりました。

必ず救われるから……

取り残された私の心の中に、義母の言葉が浮んで来ました。

「正子、とっても辛いことがあったら、宇治に生長の家があるから行ってごらん。必ず救われるから……」

四十年も思い出すことのなかった生長の家でした。若い頃、毎月若草色の表紙の『生長の家』と書かれた本を送ってくれていた義母でした。

ともかく私は隣の奥さんにすべてを委《ゆだ》ね、着の身着のまま家を飛び出しました。それが生長の家と私との出会いでした。

宇治の練成会に参加して、初めてお目にかかった楠本先生に個人指導を受けました。

「娘さんを拝みなさい。観世音菩薩となってあなたを生長の家に導いてくれたのですよ。感謝しなければいけません。そして、生んで下さった御両親に感謝しなさい」

私は、平成十三年九月・十月・十一月と練成会に来るたびに、

〝愛せないばかりか恨んでさえいる娘に、何で感謝をしなければならないのか？ また私を捨てて行った親に、何で感謝しなければならないのか？〟

と半信半疑の月日でした。

身も心も救われた

私は乳癌の手術をした後も、定期的に検査を受けています。三年目の今回は十二月に検診の結果を聞きに病院に行きました。そこで私は信じられぬ宣告を外科院長より受けたのです。

「左肺に白い影が見えるので、三月まで進行具合を見て、入院して胸部外科と相談しなが

ら治療しましょう。再手術の可能性もありますよ」

私は目の前が真っ暗になり、その後、真っ白になりました。どうして帰ったのか、夢遊病者のように雲の上を歩いているような中で、

〝入院する前にもう一度宇治へ行きたい〟

と思いました。

平成十三年十二月二十日より正月三日まで、宇治の練成会にお世話になりました。悲しみのあまり、一時は死ぬことを考えた私に、再び生きる勇気を与えてくれました。

大晦日の浄心行。長田先生の「お父さん、ありがとうございます。お母さん、ありがとうございます」の天にも届かんばかりのお声に、ローソクの灯《あか》りの中に生母が笑ってニコニコしているのです。驚くと同時に涙が思わずボロボロと溢れ出し、年甲斐もなく号泣しました。「お父さん、ありがとうございます。お母さん、ありがとうございます」と初めて心の底から振り絞るように絶叫し、感謝出来ました。

岡野先生の笑顔。あの明るい笑顔の御講話に私の心は晴れ、どんなに救われたことか。

榎本先生の優しいお言葉。岡田先生のひまわりの花のような笑顔。本当に身も心も救われ

ました。楠本先生のおっしゃった両親への感謝・娘への感謝が心の底から出来たのでした。

心から信じ合える家族

それからは、感謝の気持を込めて、毎朝毎晩、神想観を実修し、聖経『甘露の法雨』を誦《あ》げさせていただきました。

三月二十三日、奇しくも入院の日でした。私は入院を放棄して団体参拝練成会に参加いたしました。十二月より神想観で、団体参拝練成会と宇治の五月十九日の総裁先生御指導の特別練成会には必ず参加する、と祈っておりました。

長崎の総本山は素晴らしい所でした。「七つの燈台」も、この目でしっかり拝みました。また、夜明け前の静寂の中の玉砂利は、雨の日には宝石をちりばめたようにキラキラと輝いて見えました。

心晴れて帰宅。再検診を受けました。その結果発表が奇しくも五月一日でした。その日は、白鳩会全国大会の日でもありました。二度も病院を裏切ることは出来ず、朝一番に病院に行きました。院長室に入るなり、明るい声でした。

「影なんてどこにもみえませんよ。不思議ですねぇ。白い影がなくなって綺麗《きれい》ですよ」

私は、天にも昇る心地がしました。心から合掌しました。

飛び上がるような喜びの中、私は東京の日本武道館へ向かいました。白鳩会が駄目でも相愛会がある。

生まれて初めての日本武道館。その壇上に総裁谷口清超先生、奥様、副総裁谷口雅宣先生、奥様とお四方が並ばれました。壇上はほんのりとした金色に染まり、あたたかく光がさして、まさしく神の光とはこのようであろう、と胸迫り、涙が溢れました。

総裁先生の御講話の時、奥様を振り返りごらんになるお姿に、そのあたたかいお心が垣《かい》間見《まみ》られ、すばらしい御家族なのだ、としみじみと嬉しくありがたくなりました。

一日も早く娘と孫娘と和解し、心から信じ合える家族になろう、と思いました。

化学物質過敏症を克服

宇治別格本山職員　川西三絵（31歳）

極微量な化学物質に反応

私が生長の家にご縁を頂いたのは、平成十一年七月、化学物質過敏症という病気がきっかけでした。

最近、マスコミなどで取り上げられておりますが、まだまだ社会的に認知されていない病気です。身の回りの極微量な化学物質に反応し、様々な症状が出、日常生活が大変困難になります。特効薬もなく、化学物質ができるだけ少ない環境を求めて、転地療養を繰り返している混乱の最中、母の友人から生長の家のご縁を頂きました。

病気になる以前は全くの健康体で、音楽を志して希望の大学に入学し、勉強を続けておりました。途中、平凡な能力の私が勉強を続けて行くことに大変悩みましたが、精神的なものを求めていた私は、納得するまで続けることを決心し、プロにはなれませんでしたが、オペラの舞台を経験することが出来ました。そして、それまでの練習のペースをゆるめて、結婚を考える時機に至っておりました。

二重・三重の苦しみ

平成七年九月、新築の家に入居し、快適な生活が一年過ぎた頃、突然に、鬱《うつ》、咳《せき》、動《どう》悸《き》、硬直《こうちょく》などの症状が出始め、北里大学病院で診察の結果、母と共に「化学物質過敏症」と診断されました。建材に使用されている塗料のトルエンや接着剤のホルムアルデヒドを大量に吸った為に発症した、とのことでした。

とにかくその家を離れて空気の綺麗な古い家に転地するよう指導されました。あらゆる化学物質に反応していましたので、安定して住める環境を探すことは、大変困難を極め、五回の引越しと何百日という旅館・ホテル住まいという生活でした。住宅メーカーとは、家の補償の件で話し合いを重ねておりましたが、突然調停を申し立てられ、私達家族にとっては、二重・三重の苦しみでした。

練成会へ

そんな折、母の友人から電話を頂き、飛田給練成道場を紹介され、母共々に練成会に参加させて頂きました。生活上、あらゆることに配慮しても症状は進む一方でしたのに、部屋でお話を聞いているだけで膝《しつ》関節の硬直が癒され、普通に歩けるようになったことから、練成会に通うようになり、その度に体調が改善されました。

また、困難を極めていた調停も、母が神想観・聖経読誦・愛行に励んでいくうちに、消費者問題では第一人者という素晴らしい弁護士さんに出会い、過去の判例の中で一番良い解決を頂きました。

今振り返りますと、人知を尽くしても越えられないような大きな問題でしたが、生長の家の大神様に常に智慧と勇気を与えて頂き、導いて下さっていたのだと実感致しております。

昨年の三月、メーカー側に家を引き取ってもらう為、三十年以上も住んだ土地を離れることになりました。良い解決を頂いたものの、それまで培《つちか》ってきた環境を離れることは、私にとってとても深い悲しみでした。その悲しみを癒されたくて昨年九月、宇治の一般練成会に参加させて頂きました。

実相を観ずる境地

練成会を受けていくうちに、すべてを失って実相を観ずる境地に達することを待ち望んでいた、という想いが心の底から湧《わ》き起こってきました。

「神様、そうだったのですね。だから唯喜べば良いのですね」

と感動の涙がこぼれました。

神様はいつも私を見守り導いて下さっていたのです。そしてもっと真理を勉強したいと思い、研修生にさせて頂きました。

普通では、この新建材の道場で生活することは、私には考えられないことです。初めは体調を崩すこともありましたが、日が経つごとに過敏さはうすれ、大変元気にならせて頂きました。

目先の利益のために生命を尊重しない企業のあり方、遅れた行政・司法、そして医療の現況を垣間見て、一人でも多くの方に本当の意味での生命の本源を知って頂きたい、と思いました。真理の研鑽に励み、人類光明化運動のお役に立たせて頂きます。

うつ病と自律神経失調症癒ゆ

広島市　横田一雄（45歳）

横田さんはうつ病と自律神経失調症で参加して癒された。三十年間の病が癒された体験により、多くの人に伝道する決心をした。

うつ病と自律神経失調症

去年十一月二十日から約三ヵ月うつ病と自律神経失調症で入院していたのですが、全然良くならず退院を決意し、四月の一般練成会に七日間参加させていただきました。本当は二十年近く前から『生命の實相』・神想観の良さは知っていたのですが、その当時教えていただいた教化部長さんには練成会があるとは教えていただいてなく、二年前に初めて知りました。そして一応は参加したのですが、家に帰ってからはあまりまじめではなく、神想観等もほとんどやっていませんでした。そのせいでまた病気がひどくなり二回目の参加となりました。

三十年間の病

最初におかしくなったのは小学生の時で、それからずっと暗い人生を歩んで来ました。特に結婚してからがひどく、恐くて部屋から一歩も出られなくなった事が何回もあり、仕事も三十回くらい転職し、今回も精神的障害のある人は雇えないということでクビになりました。病院の先生からは「もう治らない。この病気とうまくつき合って行き、入退院を繰返すしかない」と言われました。入院している時、恐くて恐くて家内に『甘露の法雨』を持って来てもらい、それを拡げただけで安心するのを感じ、楽になり、調子が悪くなると『甘露の法雨』や『生命の實相』を読むようになりました。

流産児の供養

そうしているうちに退院する気になり、練成会に参加しようと思い、四月に参加しました。練成会中に岡野先生の輪読座談会の時、流産児の話があり、その話が気になり個人指導を受け、即答で「流産児だ」と言われました。それで供養の方法を詳しく聞き、家に帰り早速先祖と流産児とをわけて祀り、聖経もそれぞれ分けて唱えました。すると流産児の方はすごく喜んでいて楽しくさわいでいるのが感じられ、何とも言えないいとおしいようないい感じが感じられました。先祖には報恩感謝、流産児には愛と懺悔の気持で一所懸命、しかも自然な気持で唱えることができました。

崩れ落ちる病

そのお蔭で三十数年間の心の病気が一週間でガタガタと崩れ落ち、楽になり、もう一週間で本当に良くなると実感できるようになりました。しかし、まだ心の底の恐怖感等が三十数年間の間に観念として作りあげられ、性格も歪《ゆが》められているのを感じ、心のリハビリのためにまた練成会に参加しました。今では心の底がしっかりとして来ているのをすごく感じ、ビクビクがなくなり、先生に対しての質問や練成会に参加中の方々との話なども楽しめるようになりました。

伝道の決意

これからはこんなに簡単に楽になるなら、まず入院中の仲間や精神障害の方々にできるだけたくさんこの恐怖心のない、楽で、さわやかで、すがすがしい気持を伝え、練成会に参加すれば治ると言っていきたい。最後に長い長い闘病生活、自殺をしかけた生活をささえてくれた家内に、心の底から感謝、そして闘病生活から脱却させていただいた生長の家に感謝、生かさせていただいている我が神様に感謝いたします。

横田さんは、練成会から帰り、以前入院していた病院を訪れ、生長の家の話をした。彼の余りの変わりように、是非練成会に参加したい、と外泊届けを出し、練成会に参加した人がいる。

娘の難病特定疾患・潰瘍性大腸炎を克服

愛媛県西条市　伊藤啓子（49歳）

娘の有実子さんが小学五年の時、潰瘍性大腸炎となり練成に参加した。母親の啓子さんは、恨んでいた父親にも感謝でき、有実子さんも何回も練成をうけた。神の子として新生し、結婚することになった。

たった二人生き残った

昨日、平成十四年六月一日、天地の祝福を受けて娘は感動の結婚式をあげました。本当にこんな日が来たのだ、と私はただただ神様に感謝しました。一度は本気で神様にお返ししようと思った娘を、井上家にお返し出来た、そして「乗り越えられた」よろこびの中に安堵感がよぎりました。

一番苦しくて、そして一番成長した国立小児病棟生活。多くの子供達が地上での使命を終え、霊界に旅立ちました。その中で、たった二人生き残ったのが娘と初ちゃん。初ちゃんは車イスで、肉体の自由といえば目だけ。初ちゃんとその母親は、結婚式に祝福に駆けつけてくれました。

「みんなの分、有実ちゃんが幸せになってくれたんやね」

彼女は病棟で共に励まし合った私の戦友。そう言って涙を流してくれた。同じ苦しみを味わった人は、他人の幸せを自分の事のようによろこべる。人は心の奥深く、誰でもそんなやさしさを本当は持っているように思います。

難病特定疾患・潰瘍性大腸炎

娘有実子は、昭和六十三年三月、小学校五年生の終わり頃、「お腹が痛い」と時々訴えるようになりました。下着に出血を見つけ、病院に連れて行きましたが、痔だ、と言われ、十日ほど入院しました。しかし、出血は止まらず、病院を変えてみると検査が必要と言われ、その結果医者から、

「この病気は、国の指定する難病で潰瘍性大腸炎です。自己免疫疾患です。いずれ大腸を摘出して、人工肛門をつけます。ただこの病気は、現在サラゾピリンで抑えている方がい

ますので、この薬で様子をみましょう」と言われました。ところが幸か不幸か、この薬を試用した娘は、四十度以上も熱が出て、全身はしかのようになったのです。何度かの投与の度、同じ症状となり、娘を苦しめつづけるステロイドの投与が始まったのです。

離婚そして再婚

私は東京で結婚し、娘を産みました。どこが悪い訳でもないのに、どうしても別れたくなり、別れる条件として出された「田舎に帰る」の通り、一歳に満たない娘を連れて、愛媛に帰りました。とにかくこの子を育てなくては、と美容師をしながら二人で生きて行く決心をし、必死で働きました。

娘が三歳の時、今の夫と知り合いました。私は二十五歳、夫は十九歳でした。私は人生に背を向けている彼の目は気にはなりましたが、その当時の私は結婚など考えてもいませんでした。いつの間にか二人のアパートに転がり込んで来た夫に、教えてもいないのに「パパ」と娘はなつくのです。私はその頃婚礼担当となり、早朝から夜遅くまで仕事。無職の夫は、毎日娘と遊ぶ日々。いつの間にか三人は暮らし始めていました。

結婚し、長男が誕生。二年後に次男が産まれました。しかし、この子は生後十日の短い生涯を終え、二年後に、後に私を生長の家の地方講師へと導いてくれる三男誕生。こうして家族五人、平凡に小さな洋品店を経営しながら過ごしていました。娘がそんな大病をするまでは……。

運命論者

主人の方は家族全員、舅・姑も子供の頃より谷口雅春先生のお話を聞いており、舅の従兄は、谷口雅春先生のおそばで育てて頂いた本部講師。そんな中で私は、生長の家とは合掌して「ありがとうございます」と言う信仰くらいに軽く考えていました。と言うのも、私は完全な運命論者でした。

私の父は、腕のいい大工の棟梁でした。私が八ヵ月で産まれたのに大変大きい赤ちゃんだった事で、母が誰かの子を妊娠して嫁いだ、「お前はわしの子ではない」と言い続け、小学校五年生の終わり頃、弟子の一人の住み込みの部屋に連れて行かれ、「お前はこいつの嫁になるんだから、今日からこの部屋で寝ろ」と言われるのです。祖母が止めてはくれましたが、自分の中では強い憎しみになって行きました。

その内家業も傾き、家中赤紙が貼られた次の日、大阪から逃げるように愛媛に帰りました。中学二年生の私は、物心ついた時より大阪のど真ん中で育っていたので、田舎の生活は馴染みにくいものでした。おまけに父は家に一銭もお金を入れず、働いたお金は五・六人の若い男の子を連れて遊び回り、いつも誰かが父と布団を一緒にし、朝方箒《ほうき》を持って父と若い男を叩く母の姿は、耐えられませんでした。狭い田舎です。父に車を買ってもらった、服を買ってもらった、時計を買ってもらった、小遣いをもらった、とわざわざ私に見せに来る男の子達。「高校など行かなくてもいい」と言う父に、意地でも行ってやる、とバイトをしながらの三年間。母は、給料の高い夜の仕事に行っていることで高校の教師に特別扱いされる田舎の高校。そんな生活を送って行く中、「人は幸せな人と不幸な人がいる。それはきっと運命というものがあるのだ」と強く思うようになっていました。

運命学から生長の家へ

卒業間近、一番遠くからの募集の東京のデパートを受けました。少しでも遠く父と離れたかったからです。そこで私は、運命学の権威に入門しました。門下生の中ではダントツの成績で免状を取ったのでした。ある日、先生に、

「この運命学は、中国では帝旺学と言われますが、何パーセントの確率ですか？」

と質問すると、

「九九・九パーセントの確率です。残りの〇・一パーセントは愛です」

と言われました。その頃の私は、その「愛」と言う意味をただの「執愛」と捉えていたのですが、真の意味がその後宇治別格本山で解明するのです。

自分の結婚も娘の病気も運命学では分かっていたものの、まだ小学生の娘が人工肛門で一生過ごす酷《ひど》さに、母として耐え切れず、どうにかして娘を救いたい一心で、主人の勧める地元の生長の家講師宅を訪れたのです。その帰り道、昔父が亡くなって葬儀の時に「良かった。これで完全に父と縁が切れた」と、安堵し、忘れていた父が思い出されてしかたがなくなりました。次の日から朝四時に起きて、車で三十分の講師宅へ早朝神想観に通い始めました。奇蹟が起る事を信じてです。その内、何故か宇治別格本山に練成会というものを受けに行ってみたい、と思うようになりました。

父の愛を感じた

誰かに押されるように行った平成元年一月の一般練成会。この練成会で「神は愛なり」という貼紙が目に飛び込んで来たのです。

〝〇・一パーセントというのは神のことか？〟

神とは何なのか？ 分からないままプログラムは進みます。Ｔ講師のお話は面白かったけど、神とは何なのか？ 楠本加美野講師のお話は、神とは父母のことなのだろうか？ 榎本恵吾講師のお話は、分かったような分からないような。しかし、それぞれの講師は魅力的で私の心を惹きつけました。

ところが浄心行の夜、私は生まれて初めて全身全霊で父の愛を感じたのでした。

「父さんは本当は私を愛してくれていたんだ」「父さんは本当は私のことを嫌ってなかったんだ」「父ちゃん」「父ちゃん」

何度も何度も呼んでみました。生前、見たこともないやさしい笑顔で私を見てくれているのです。十三年経った今でも、あの感動は昨日のことのように甦《よみがえ》ります。

夢中で走り続ける

病院に飛んで帰り、娘に練成会のことを話しました。娘も幼いながら「生長の家で病気が治る」、そう信じたと思います。

それからの主人と私と娘の生長の家は、凄いものでした。私は『生命の實相』一巻を二日で読むペースで続け、睡眠もほとんど取らず、聖経は日に十回以上は読み続けます。

次に受けた伝道練成会でより感動し、家に帰るとすぐ生長の家祝福班と言うタスキを作り、店の人達と一緒にタスキをかけて一軒一軒祝福愛行に回ったのです。夢中で走り続けました。その間に回りの人達全員が一般練成会と伝道練成会を受け、多くの聖使命会員の誕生と二十体以上の永代供養が出来たのでした。

そして八十坪の家を購入出来、店は三店舗となり、娘は難病と言うことで治療費も一切不要だったのでした。

我の信仰

しかし、娘の状態は一進一退でした。ついに平成元年五月末、国立小児病棟に移されたのです。それは「こんな世界があったのか」と正視することの出来ない世界でした。
「とうとうこんな所まで来てしまった」「なんで治らないんだろう」「この私が娘の実相を見られないからだ」

その頃より、神想観・聖経読誦、『實相と現象』のご本を片時も離さず、今思えばまるで気がふれたように「神」を求めていたように思います。

主治医に「癌ならまだ良いのですが……。治療法がありませんので……」と言われ、益々私の肩に力が入っていたのでしょう。

しかし二ヵ月にして、私の執念の信仰か、多量のステロイド投与のお蔭か、病状は安定して来て退院ということになりました。治った、治った、もう治った、と家族中よろこびました。私と言えば、「我《が》の信仰」の炎を益々燃えあがらせ、愛行に励むのです。

自宅に戻った娘は、「こんなアンパンマンのような顔は嫌だ。この薬はのみたくない。生長の家で必ず治る」との信が薬への拒絶として現われたのでした。
「絶対大丈夫。有実は必ず治るよ」

家族がひとつになって行じました。娘も全身真っ白な体で何度も宇治の練成会を受けるのです。ここで宇治の練成部の職員の方々が、娘を家族のように愛し続けて下さるのです。特に楠本加美野総務の御愛念は、紙上に表現する言葉が見あたりません。

しかし、やはり「我の信仰」です。とうとう娘は倒れるのです。

最悪の状態

平成二年の春、真っ白になって目を閉じている娘に、私は初めて涙をこぼしました。すると急に娘は目を開け、自分の手で脈を取り、「病院へ行く」と言ったのです。夜中、主人と私は、娘を毛布にくるんで地元の病院へ行きました。

「何でこんなになるまで放っておいたのですか？　何をしていたのですか？　娘さんを殺すつもりだったのですか？」

次々と浴びせられる医者の言葉に、私はただ謝るしかありませんでした。たまたま当直の医師は、循環器系の専門で素早い処置、輸血で意識はもどったものの、数日後、最悪の状態となり、親族が呼ばれました。

下血といっても数秒でおむつがびっしょりになるほどの下血です。そのおむつの中には、ソーセージのような血のかたまりがあるのです。いくら輸血をしても間に合いません。全身は酸素テントの中、脈もなく、心電図も止まりかけています。回りの人達はただ泣くだけでした。そんな中、私は「この子は絶対死なん」と強く信じられたのです。

「何か言いよる」

主人が叫んだかと思うとテントの中に入りました。娘の口の動きを読みとった主人は、大声で言いました。

「わが魂の底の底なる神よ、無限の力湧き出でよ、と言いよる。有実、頑張れ、有実、頑張れ」

主人の声は病院中に響いていました。少し意識は戻したものの、やはり国立小児病棟に戻ることになりました。

敗北感から明るく生きる

敗北感とは、こういう気持でしょうか。平成二年五月二十三日、私は生まれて初めて救急車の助手席に乗り込みました。後ろの娘の回りには、医者、ナースが何人も囲んでいます。けたたましいサイレンと共に走り出しました。途端に前を走っている車、対向車が一斉に路肩に寄ってくれます。国道を走るすべての車が避けてくれるのです。その一台一台が「大丈夫だからね」と言っているように私には聞えるのです。私はただありがたくて涙が止まらず、ずっと合掌していました。

病院の入口には、見慣れた主治医、ナース達が待ちかまえてくれていました。退院して再三心配をして薬の服用を勧める主治医に冷たく断わった私達。しかし娘は、やさしく心より迎えられました。私の中の敗北感は消え、あったかい風がやさしく吹いたように思いました。この時私は、

「明るく、ただ明るく、ここで生きよう。ここが練成道場」

と決めたのでした。

とにかく病棟中明るく回りました。笑顔を絶やさないようにしました。洋服はいつも派手にアクセサリーもつけ、楽しそうにしていました。病棟で私はいつの間にか「ＰＴＡ会長」と婦長から呼ばれるようになり、新入のお母さんの「はげまし係」となっていました。プレイルームでお母さん達と聖典の輪読を許してもらえるようにもなりました。

手術と感謝

しかし、娘はやはり手術ということになりました。

「ステロイドを減量すれば多量の下血が始まる。正直、肉が豆腐のようになっていますので縫合出来るかどうか分かりません。ほんの少しの成功率ですが、手術に踏み切りたいと思います」

手術承諾書を出された夜、娘が不憫《ふびん》で、娘にどう説明したらいいのか、何の為に娘はここまで頑張ってきたのか。私はいつまでも眠れませんでした。涙が流れて止まりませんでした。真っ暗な病室で静かに寝息をたてている娘の顔を撫でながら、私はもう何も考えられなくなっていました。

補助ベッドの上で毛布を頭から被り、

「神様、神様、もうどうしていいか分かりません」

と、心の中で大声で叫びました。その時です。真っ暗闇の中、向うの方に二つの明かりが光ったのです。その光りはネオンのようで、段々近づいて来るのです。そして目の前でハッキリ「感謝」と言う字になりました。その字はとてもやさしく、しかも強く、私にすべての物に事に感謝しなさい、と教えてくれ、スーッと体中で感謝出来るようになったのでした。

次の日から、私は病院のあらゆる物、塵《ちり》一つにでも「ありがたい」と思えるようになってしまいました。そして娘の手術も「ありがたい」と心から思えたのです。

手術は奇蹟のように成功し、娘のお腹にポコッと出た人工肛門も、可愛くいとおしいと思えるのでした。娘も「もう薬ものまなくていいし、学校にも行ける」との言葉に、この一日がかりの大手術を受けたのでした。

娘は「生長の家」ではなく「手術」で救われた、との思いがこの頃あったようですが、十年後、娘が勤めた病院で如何に大変な状態の手術であったか、又、術後の自分の体が理論上考えられない位元気であるかを知るのです。

普通の体になった

平成三年六月、娘は第一回目の手術を終え、お腹にポケットをつけて元気に退院しました。平成四年春には、二年遅れて中学二年生に復学するのです。

この中学生活は、娘にとって最高の生活となり、修学旅行も元気に行きました。中学三年の運動会に元気に走り回る娘の姿を見た時、この光景は何処かで見たような……。そうです。あの病室でずっと描いていた娘の姿でした。私は思わず合掌しました。

娘は、四年間の学業の遅れも感じさせず、学校より優等生として進学し、高校の入学式では入学生代表として堂々と宣誓を述べました。

高校二年生の時、病院より「卒業してからでは肛門の機能が駄目になるので、残っている小腸をトイレの配管のように縫合し、少しの間便が溜まるようにして肛門と縫合してみます」との連絡がありました。こうして彼女の人工肛門は取り外され、普通の体になったのです。

これでも私は神の子か

中学・高校と地元の青年会で活躍し、娘は「生長の家」人として生きているように私は思っておりました。又、生長の家で救われたこの子は、生長の家で恩返しするのが当然、と思っておりました。しかしそれは、わが子を何物にても縛らず、ただ神の生命として見る生き方とは外れていたのです。私は娘を知らず知らずの内に生長の家で雁字搦《がんじがら》めに縛っていたのでした。

卒業してから、暫くして彼女の態度に変化が出始めたのです。煙草・お酒・無断外泊・サラ金・薬物、次から次へと、これでもかこれでもかと、「これでも私を神の子と見られるか」とでも言うように。挙げ句の果ては、私には最も許されぬ事、子供を堕胎したと言うのです。

「私は高級霊でも何でもない。私には使命もない」

そう叫ぶ娘を、私は黙って見ているだけでした。

「とにかく宇治に来させなさい」

楠本加美野総務は、そう言って下さいました。その総務に娘は「私は生長の家が大嫌いです」と吐き捨てたのです。その後も事ある度に総務は「元気にしてるか」とやさしく聞いて下さいました。結婚が決まり報告させて頂いた時、本当によろこんで下さいました。岡田伊都子講師に「あの子はいい子だからなぁ」と言って下さったそうです。

主人は自分を責め、苦しみました。自分が娘に生長の家を教えた、その生長の家でここまで娘を追いつめてしまった、と。

私は、小さい時、実の父親と引き離したその事を、娘がここまで私を恨んでいたのか、と。十字架にはりつけられた者のように黙って受ける以外ありませんでした。

主人を中心に仰ぐ

あたらずさわらずの日が過ぎて行きます。娘の前で生長の家の話が一切出来なくなりました。私達夫婦間でも生長の家の火が消えかかったように見えた時、中二になった下の息子が不登校となるのです。その内、不良グループと呼ばれるようになり、警察へのお迎えが多くなり出しました。私は小児病棟生活の中、幼い命が消えてしまうのを何度も見、生死をかけて戦っている親子を見ていたので、不登校や非行くらいで悩んでいるお母さんに、「生きているだけでいいじゃない」と言いました。でも、その言葉に真の愛は無かったように思います。いざ自分のこととなると、難病も非行も同じように、子供は苦しんでいることに気づきました。

生長の家の教育のご本を片っ端から読みました。又、母親教室も開きました。勉強していく内に生長の家の教育の深さ、すばらしさに、今まで何を読んでいたのだろう、と思うほどに吸い込まれて行きました。

ある日、勉強しながら「私は本当に主人を立てていたのだろうか」と思えて来たのです。主人の為と勝手に思い、自分が如何に先を歩いていたか。こんなにやさしい主人を、それで当り前、私はもっと働いて来た、と思っていました。主人を心から思おう、と思ったのです。今、心から主人を中心座に仰げます。

ブラックリストに載《の》った中学生は、県立の高校は絶対合格しません。しかし、私の心が変化したとき息子は見事に合格。サッカーの名門校でのサッカー部入部合格はしたものの、卒業は無理だろう、と言われる中、来年の春には息子は卒業します。昨日の娘の披露宴では、主人とギターを弾いてくれました。ステキな若者に成長してくれました。

私達夫婦は先月、生命学園を開園しました。開園式には、四十名の園児が可愛く揃い、胎児から小学六年生まで、神の子さん達は大よろこびです。娘は自分から、この学園を手伝いたい、と言ってくれたのです。青年会で培った子供との対応は、頼もしい限りでした。

こうして娘の問題も解決し、一陽来福、我が家に本当の春が来ました。

第三章　神の祝福天降る祈り合いの神想観

解説　楠本加美野

練成行事の中で毎日「祈り合いの神想観」が実施されています。練成員の中で問題ある人が前に出て、それ以外の人は祈る側に廻って、向かい合って坐ります。そして本部講師の指導によって、互いの実相を祈り合います。次に「懺悔《ざんげ》の神示」の一部を掲げます。

《汝らのうち病める者あらば互いに祈り合うべし。互いに祈り合うとき、吾が力汝らの上に来らん。自己が癒やさるることを祈るはなお自己の利害にとらわれていることあり、互いに祈り合うとき愛の心あらわれ、神の霊波そのままに汝らの上に感ずべし。病める人のために、その人を訪れて、祈り、且つ神想観をなすべし。祈るとき、金を惜しむ心、金を欲しがる心、いずれも神の霊波に波長の合わぬ迷《まよい》の波動なりと知れ。地方の信者たち互いに団結して祈り合え。家族同士互いに祈り合うべし。祈りて癒ゆるとも自己の力にあらず、神の力なり。本を忘るべからず。愛をつくし合い、敬虔を竭《つく》し合い、誠を竭し合い、神を敬すべし。この世界は光と迷の反映が交錯してあらわれている映画なれば、迷を一日も早く消すが世の苦難を済《すく》う唯一の道なり》

神の祝福が天降る

宮城県　船木　悟（39歳）

奥野さんは、祈り合いの神想観の時、涙が溢れて止まらなかった。祈り合いの神想観が終了した時、神の祝福が訪れていると実感できた。車イスの女性が何故か立てるような気がした。その通りに立ちあがり歩けた。宇治駅で一緒になったアトピーの山下君も癒された。

不思議な体験

本当に不思議な体験でした。祈り合いの神想観がまさに始まろうとしている時でした。

神様の愛が吾れを通して、祈りを求めている人達に注がれることを思った瞬間、涙が溢れて止まりませんでした。神様の祝福が自分を通して、祈りを求めている人達を祝福している、魂を癒している、と思うと涙が溢れて止まりませんでした。ここからは書くのをためらいましたが、思い切って書くことにしました。あまりに不思議だったからです。

神の祝福を実感

車イスの女性が、祈りを求めている姿を見た時、涙が溢れて止まりませんでした。そして心より祈りました。

「神の愛、吾れに流れ入り給いて、吾れにおいて燦然《さんぜん》として輝き給いて、吾れを通して彼らを祝福し給う。彼らの魂に祝福の微笑を与え給う」

何故、あんなに涙が溢れてきたのでしょうか。神の祝福が、確かに私を通して祝福していることが嬉しかったのではないか、と思います。

祈り合いの神想観が終わった後、車イスの女性が何故か立てるような気がしました。神の祝福が彼らを訪れることが実感できたからです。廊下で車イスの女性と付き添いの男性が泣いておりました。女性は、車イスから立ち上がり歩いていたのです。

子供を愛おしむ親の愛情のような

四度目の練成会に参加して、神癒の御業《みわざ》が行われるのを、この目で見たのは初めてでした。もちろん、聖霊が天降り、講師の方々が、皆さんの愛念が、それをなさしめた結果です。

神の愛が通過する瞬間を、溢れる涙が教えてくれたことが嬉しいのです。霊的体験は今まで一度もありません。今回も霊的体験としてではなく、子供を愛おしむ親の愛情のような、そんな日常の愛情と変わりなかったような気がします。溢れる涙は、私にこう教えてくれているような気がします。

「私はいるよ。ここにいるよ」

と神様が教えて下さっていたのだ、と思います。

そのほかにも、練成会に参加してアトピーが二晩で消えた山下君。宇治駅から一緒になり、寝泊りも一緒で、仲良くさせてもらっていましたが、彼が神癒の証人となりました。また、目の前で癌が治った人を見たのも初めてでした。

神想観を行ずる

参加動機は、一生涯を決める仕事を決定する為でした。そのためには、浄まった魂で臨みたかったからです。十年近くの間、独立するために軍資金をコツコツ貯めていました。「自分の力を世の中で試してみたい」が動機でした。しかし、実際に動き始めると、なんだか方向が違うような気がして、動きが止まってしまうのです。これでは失敗してしまう、と思いました。もう一度、自分を見つめ直す機会が必要だ、と思って宇治に来たのです。もう少しで結論が出そうです。

神様の導きに従うこと。つまり神想観を行じること。心の波長を神様に合わせるよう、最善の努力をすること。妻に感謝すること。両親に感謝すること。御先祖様に感謝することを深く切に行いたい、と思います。そうすれば必ず導いてくれるものと思います。

彼はその後、生長の家本部職員になった。

車イスが不要になった

東京都府中市　池田　愛（23歳）

池田さんは車イスで平成十三年七月の練成会に参加。祈り合いの神想観で癒されたが再び悪くなり、病院では原因不明とのことであった。再び祈り合いの神想観で癒された。体験を生かして人を救わないと再び悪くなることがある。

父が亡くなり、霊的現象

平成十三年四月、父が亡くなり、私の身に霊的現象が起るようになりました。

父の納骨の日、夜自宅で聖経をあげていたら、急に体がフラフラになり、全身の力が抜けて倒れてしまいました。それから数分、過呼吸の状態が続き、全身がしびれていきました。そして呼吸は正常に戻ったのですが、立とうとすると足に力が入らなくなっていることに気がつきました。

それから車イスの生活になって一ヵ月が過ぎた頃、母に連れられて宇治の練成会に参加しました。それが昨年の七月のことです。そこで祈り合いの神想観で祈っていただき、歩けるようになりました。それから半年ほどは普通に生活していたのですが、平成十四年二月二十三日、父の納骨の日と同じような状態で倒れてしまいました。

原因不明

その日から又車イスの生活が始まりました。一応病院には行ってみたのですが、やはり歩けない原因は分からず、宇治に行くしかない、と思いました。

宇治に来て、初めは、

「去年と同じ状態で歩けるようになったんだから、今回も宇治に来たんだから歩けるようになるよ」

という周囲からの期待がプレッシャーともなり、自分の中にある不安が消せませんでした。しかし、祈り合いの神想観が始まると共に、そのプレッシャーと不安とが消え去り、歩けるという自信が芽生え始めました。

歩いている自分がいた

祈り合いの神想観が終わり、立てる気がして車イスから立ち上がってみると、今までは足を曲げて膝がガクガクした状態でしか立てなかったのが、自然とまっすぐ立っていました。それから足を前に出してみると、ちゃんと歩いている自分がいたのです。何が起きているのか訳が分からず、涙が止めどなく溢れでました。祈って下さった皆様に感謝の気持でいっぱいになりました。

生長の家を信仰していた父のように、一人でも多くの悩み苦しみを抱えている方々に、この素晴らしい御教えを伝えて行きたいと思います。

アトピーが快癒

和歌山市　山下真史（15歳）

山下君はアトピーで参加した。親に感謝したら翌朝癒されていた。

治まることのないアトピー

僕は、小学校五年生の時にアトピー性皮膚炎にかかり、今まで良くなったり、悪化したり、と治《おさ》まることがありませんでした。しかし、両親が「一度、生長の家へ行って来い」と言うので、今回参加させていただいた次第であります。

父母への感謝

初めて講話をお聞きした時、

「父母に感謝していますか？」

と先生が言われた言葉に、僕は、

「そういやぁ、あんまりしたことがないなぁ」
と思い、神想観の時や、朝起きた時、夜寝る前、二日間何度も両親に感謝しました。

アトピーが治った

すると、今までカサカサだった皮膚が、しっとりとスベスベになっていたのです。初めは、一体どうなったのか、まったく分かりませんでした。

しかし、自分の肌は乾燥していないし、ハレもない。これは、本当に不思議なことですが、信じるしか仕方ありません。そして、生長の家の先生方やまわりの人々の言葉の力のお蔭で、こんなにも早く治すことが出来ました。本当にありがとうございました。

第四章　愛は刑よりも強し

解説　楠本加美野

すべての人が神の子

汲田克夫（70歳）

汲田さんは再婚以後、娘さんの悩みを何とかしたい、と夫婦で参加した。自分は神の子、すべての人が神の子の自覚ができた。

神の子と悪魔

実は、私は今から三十年前の学園紛争の最中、国立大学の教員で中間管理職として精神的に完全にまいってしまい、自殺の寸前まで追い込まれました。本屋で救いがえられる本を探している時に、谷口雅春先生著『生命の實相』に出会った。私は毎朝毎晩、貪るように全巻を通読し、あの難局を乗り越えることが出来た。当時は、唯物論者であった私の変革の時であった。私を「殺すぞ」と脅迫した電話の主を「悪魔」と言ったら、息子は「学生を悪魔と思うなら、お父さんは教員をやめろ」と言った。私は〝はっ〟とした。息子は観世音菩薩であった。「神の子」は金剛不壊、全共闘の学生も「神の子」、この紛争は現れて消えて必ずよくなる。しかし、この時は「実相と現象」「善と悪」の二元論者であった。

それでも、昨年同志社大学で「道徳教育の研究」を講義した時、私は初めて教員として「人間は神の子である」、人には誰にも真我があり、それが内なる神（性）であり、それを顕現する事が真の自己実現であることを話した。勇気のいることであった。学生達は最後に拍手で応えてくれ、嬉しかった。

親子の間

今回の私の表向きの練成会参加理由は「神性開発」であったが、私は願い事があった。実は娘との間が再婚以後疎遠で、娘の心が私と妻に閉ざされている。それを何とかしたい。

次に私の周りにいる人の悩み（友人の娘さんの先天性顎関節《がくかんせつ》病、友人の息子さんの引き籠もり、親戚の人の癌）を解決する力になりたい、ということだった。今、私は朝起き会に参加しているが、残念ながら右の事を解決するに至らなかった。

義理の娘が先に練成会に参加し、ご指導で親への感謝の心（義理の父の私を自分から初めて「お父さん」と心から言ってくれた）が湧出し、まさに「神の子」の自覚が起こった。その娘の勧めで、私達夫婦はこの練成会に参加することになった。娘に心から感謝したい。ありがとう。

すべての人が神の子

今回の練成会で心底、自分が神の子、人間すべて神の子である、との確信がもてた。光一元論を納得して受け入れた。この娘の問題が嫉妬によるものであることを楠本先生に指摘して頂き、亡き妻の永代供養を勧められた。私は有難かった。解決の曙光が見えたのである。友人の娘さんの病気、友人の息子さんの引き籠もりについても、その母親を練成会に誘い、毎日、神想観をして聖経を読み、実相円満完全を念ずることで大丈夫との確信を

得た。親戚の者には聖経を読むことを勧めたい。（すでに彼女は読んで快方に向かっている）

今から、聖使命会員となり、地域の信徒とともに学び、お役に立ちたい。今まで通り近くの老人ホームで介護ボランティア活動（愛行）を誠心誠意やっていきたい。今回の練成会で「神の子としての私」が目覚めました。

汲田さんは三十年前に『生命の實相』にふれ、難局を切り抜けてきたけれどもどうしても二元論から抜け出ることが出来なかった。ところが再婚後の義理の娘さんとの不調和を解決するために参加した練成会で、神一元、光一元の世界に飛び込むことが出来たのです。この神一元の世界こそ愛の世界であり、すべての問題を解決する世界です。

スター・デーリーの著書に『愛は刑よりも強し』という本があります。

スター・デーリーは極悪非道の囚人であったが、キリストの愛にふれ更生した。獄中では誰も彼を相手にしてくれず、話を聞いてくれなかった。次のように書いています。

《デーリーは彼ら囚人達に直接話しかけてよくしてやろうと云う考えを抛棄《ほうき》した。彼ら囚人はデーリー自身の自己改善のために――「あの見苦しく見える極悪者の中にも善にして尊い神性がある」と云うことを静かに拝み出す自己の力を養成するための自己改善のために――彼らが自分の敵として自分の眼の前にあらわれているのだと考えるようになったのである。かくて、デーリーの囚人達を善導したいと云うような高慢な心は彼の生活を導く主動力としては消えてしまった。かくて自分自身の魂をみがくために与えられた手段として、其処にあらわれて下さっているのだと受けることが、デーリーの生活活動を導くことになったのである》(新選谷口雅春法話集10・原典は正漢字旧かな、日本教文社刊)

練成中は「人間は神の子である」という真理を常に唱えているので神の子の自覚ができるようになる。神の子の自覚ができると神の子として生んでくれた親に無条件で感謝できるようになる。自分が神の子と自覚ができると他の人も神の子として拝めるようになるのです。

生きているだけですばらしい——非行の果てに

槇　美亜（18歳）

子は親に仲良くして貰いたいと切なる願いを持っている。だから両親が調和していると子は幸せである。逆に不調和であると子は不幸である。特に父母が離婚をすると子は父と離れるか母と離れることになり、父と離れた子は父の愛を失うことになり、母と離れた子は母の愛を失う。すると子は愛を求めて反抗するようになる。非行少年は殆ど親への反抗が原因である。反抗した結果は家出となる。槇さんの場合は、家出する娘を注意しない母を、愛してくれないからだ、と親に益々反抗することになった。

父のこと

私は、平成十三年十二月十四日に少年院から出て来た。

少年院に入った大きな原因は、私の母に対する嫌悪感、不信感、恨みが理由で非行に走っ

かった。

「生長の家」の教えは、おばあちゃんの代から信仰していて、私は小学生練成会とかに連れて行かれてたから、どんな教えかは知ってはいた。だけど素直に感謝することは出来なかったことによる。

私の両親は離婚している。私が生れてすぐに父親が交通事故に遭《あ》って脳に障害を負った。知的障害者になった父は、働けなくなった。正式に離婚したのは、私が小学校二年生の時だけど、父親と暮らした記憶は全くない。

両親が離婚して、片親になったことが凄く恥ずかしくてしようがなかった。離婚した時に引っ越してから、

「お父さんは、仕事の都合で別の所に住んでいる」

と新しく出来た友達には嘘を言った。

年に一回程度会う時の父は、私には普通の人で健常者に見えた。だから私は〝お母さんは障害者になったお父さんを捨てた〟って思っていた。でも、もし母に聞いて、私の考えが本当だったら、と怖くて聞けなかった。

私はすごく良い子を演じた。母に迷惑をかけないように努力した。辛い時も、淋しい時も、甘えず、泣かず、自分のこと、家のこと、出来ることは全部やった。

母への反抗

だけど小学校四年生の頃から母がヒステリックになった。私には三歳年上の兄がいるんだけど、その兄とケンカをすれば、食卓の上の食器を全部割って、

「生まなきゃよかった」

と叫ばれた。

朝仕事に出掛けて、次の日の朝まで帰って来ない時もあった。そんな時でも、私は布団にくるまって声を押し殺して泣いた。泣いちゃいけない、泣いても何も変わらない、って思っていた。そんな生活が続いた。

中学一年生の頃から母に反抗するようになった。〝なんで私はこんな人の為に頑張っているんだろう〟って思うようになった。家に帰りたくなくて、だんだんと帰る時間が遅くなった。でも、母は私を怒んなかった。「私なんて別にどうでもいいんだ」って思った。それ

から私はどんどん非行に走った。無断外泊、家出、とにかく母に反抗した。

妊娠

中学を卒業してから服飾の専門学校に入学した。友達と上手くいかなくなって、すぐに学校には行かなくなった。丁度その頃に私は妊娠した。もちろん、生むつもりでいた。だけど私は十五歳、相手は十六歳で結婚も出来ないし、結局は堕《お》ろした。母には隠して自分達だけで堕ろした。堕ろした時、私はずっと泣いていた。

それからすべてがどうでもよくなった。その後、一ヵ月余りの間、母とも友達とも音信不通にして家出をした。家に帰った時も母は怒んなかった。その時に私は、家を出ようって決めた。

水商売・風俗嬢・薬物、そして少年院

十五歳の終わり頃に家を出た。母は私を止めなかった。本当は母に凄く怒って欲しかった。止めて欲しかった。

私は水商売を始め、男性の家を転々とした。

「自分なんて必要とされていない。愛されていない」って思っていたから、自分をどんどん傷つけていった。ヤクザの人の中で風俗嬢として働くようになった。お金をたくさん貰って、男性に色んな物を買ってもらって、淋しさを紛らわせた。

水商売と風俗を掛け持ちで働き、私は薬物に手を出した。薬物に逃げ場を求めた。

十七歳の頃に少年院に入った。何も変わんないし、どうでもいい、と思っていた。一応母と話し合った。形の上では和解した。でも、愛されているっていう実感はなく、母に対する不信感は消えなかった。少年院から早く出たい。毎日それぱっかり考えた。


外泊すると男女関係が出来、彼女は妊娠した。十代の子供は生活力がないから、大部分は堕ろすことになる。堕胎すると我が子を殺した罪の意識で自分を責めるようになる。罪の自己処罰から水商売・風俗嬢・薬物とどんどん非行に拍車をかけるばかりである。

練成会から研修生へ

平成十四年一月の一般練成会に宇治に連れてこられた。早く帰りたくて仕方なかった。だけど、地元には帰りたくないし、仕方なく研修生に残った。

一般練成会で覚えていることは、流産児供養祭で聖経を読んでみたら涙が出てしようがなかったことだ。

研修生になって、最初は一ヵ月で帰る気でいた。だけど、思ってたより楽しくて、居心地が良くて、ずっと残っている。研修生になって、楽しいことも、辛いことも、いっぱいある。でも良かったって思うことは、感謝することの大切さとその意味を知ったことだ。辛い時は泣いてもいい、って知った。涙には浄化作用があるんだ、って知った。

研修生になって二ヵ月くらい経ってから、十九歳の女の子に出会った。その子は妊娠していて、堕ろそうかと考えて練成会に来た。その子に私の体験を話した。

堕ろすということは、言葉では「堕ろす」だけど、本当は「殺す」ことといっしょなんだ。いのちは大切で尊いんだ、と言った。相手の気持を無理に変えるんじゃなくて、私の気持を伝えた。そしたら、その子は「生む」って決めてくれた。すごく嬉しかった。おもわず握手した。その子は、今も時々宇治に来て元気に生活している。

私にも使命がある

私は思った。

「私にも使命があるのかな、出来ることがあるんだ。必要とされているのかも!」

そう思った。今まで、

「誰からも必要とされてない。愛されてない。早く死んでしまいたい」

と毎日そう思ってた気持がすごく軽くなった。

今まで流産児供養塔の女の人の像(註・慈母観世音菩薩像)が大嫌いだった。睨《にら》まれてる、って思っていたのが、その女の子のことがあって、すごく優《やさ》しい顔に見えてきて好きになった。

解放される

私にとって体験談を発表したり、書くことは、すごく辛い。思い出したくない過去とか、自分の中に隠し込んでた過去を思い出さなくちゃいけない。時々、辛かった過去を思い出して苦しくなる。そんな時、宇治にいる先生や仲間に話したり、泣くことが出来るようになった。今まで誰にも言えなかったことを言えるようになってきた。言えるようになってきたら、自分が少しずつ解放されている気がする。解放されることで母を許せるようになってきたのも不思議だ。

最近、基本的に私は母に感謝してて、大好きなんだろうな、って思う。だけど素直になれなくて、今素直になったら今までの私は何なんだろう、って考えてしまう。けど、その気持もなくなってきた。過去があって今の私がある、って思えるようになってきた。

宗教なんて大嫌いだった。はっきり言って軽蔑までしていた。だけど「生長の家」にふれて、「なんかすごく良いことを言っているな」って感じた。父母への感謝、友への感謝、すべてのものに感謝すること。今までの生活では出来なかったことが出来るようになってきた。

生きているだけですばらしい

過去を思い出した時に、私が非行に走り出した中学一年生の頃に、母に言われた言葉を思い出した。

「あなたは、生きているだけですばらしい。そこにいるだけですばらしい」

この言葉を思い出した時に涙が出た。

「愛されていたんだ」って思った。母は何も求めずに私を愛してくれていた。「なんでもっと早く気づけなかったんだろう」って自己嫌悪に陥《おちい》る時がある。そんな時は、「今、気づけて良かった」って思うことにしてる。今から母の愛に応えていければいい、と思ってる。もっと素直に自分を表現出来るようになるのが今の目標。心から自分の過去を許し、父母に感謝し、今生きていることに感謝出来るようになること。

救っていきたい

研修生になって色んな人に出会った。色んな人の考え方や悩みを聞いた。今まで心のどっかで「私は不幸だ。世の中で一番不幸だ」って思ってたけど、そんなことないや、って思ってきた。同情とかじゃなくて、もっともっと苦しんでいる人がいるんだ、って知った。そしたら「私は恵まれてるのかもな」って思うようになった。

私の出来ることなんて何もないかも知れないけど、もし体験談を発表することで誰かが救われるならいいな、って思う。

いつまで研修生でいるか、宇治にいるかは分からないけど、宇治を出ても、今学んでいること、生きていることを大切にしよう、と思う。

そして宇治に来てから今日までで成長出来た、と思うことは、「ありがとうございます」と言う挨拶が出来るようになったこと。

生長の家にふれて私は救われた。これからは色んな人、まずは苦しんでいる友達を救っていきたい。


自分の過去の体験を生かし人の為になった時、暗い思い出は人のためになる明るい思い出となり、彼女は使命感を持つようになり救われた。

離婚問題で父の気持がわかった

谷本良子（21歳）

大谷さんは離婚問題で参加。父母の離婚した時の父親の気持がわかり、感謝でき、それを教えてくれた御主人にも感謝できた。

突然の離婚問題

私が練成会に参加した動機は、夫が突然離婚をしたいと言い出した事で、どうして良いか全く分からず、夫の母の強い意志で、練成会に参加して欲しい、という事で参加させて頂きました。私と夫とは私の妊娠がきっかけとなって結婚をしました。今、子供は九ヵ月となり、元気な男の子で日に日に成長しています。そんな幸せだと思っていた時に、夫の様子が変な事に気付き、問いつめましたところ、自分には好きな女性が居る、しかも結婚し、私に長男が生まれたすぐ後にその女性との本格的なお付き合いが始まり、さらにその女性との間に流産児がいる、と聞かされ本当にショックを受けました。そんな事は全く知らなかったので、本当に夢かと思いました。

「それで離婚したいのか」と聞きましたら、そうではなく、私と「全く気が合わないので一緒にいても辛いだけだ」と言われました。子供も手放す覚悟だと言うのです。「子供はかわいいし大切だが、引き取るにも自分では無理なのでお前にまかせる」と言われました。私には意味が分かりませんでした。夫は、その女性と一緒になりたいけれど、相手の女性に受け入れられませんでした。一人になって人生をやり直したいというのです。益々訳が分かりませんでした。「何て自分勝手なんだろう」と思いました。「どうして私がこんな目にあうのだろう」と悲しみました。私ばかりか子供より相手の女性を愛していると言われ、本当に悲しく辛かったです。夫の母はショックで、辛いけれども生長の家の教えにふれられていたので、「お願いだから練成会に行って。そうすれば、きっと良くなるから」と私におっしゃって下さいました。そんなに言うのなら、と私も思い行ってみる事にしました。

両親の離婚

一日目、二日目はもう眠くて、理解できなくて、まだまだ悲しくて一人泣いてばかりいましたが、輪読座談会で、一日目、三日目、四日目と続けて三回も当たりまして話をしたら、どの先生方も「父に感謝し、母に感謝しなさい」とおっしゃられました。初めはよく分からなかったのですが、一回、二回、三回と回を追う毎に少しずつ見えて来ました。

私の父母は離婚をしており、原因は父の酒乱とそれに伴う暴力、そしてうつ病による仕事放棄でした。幼い頃は優しい父だった、と私の記憶ではそうなんですが、物心ついた時には怖い父の姿しか記憶に残らなくなりました。父は母に暴力をふるい、弟や私にも軽い暴力がありました。父と母は離れ、私達と父も離れて家の中で住んでいました。そして母がいよいよ耐え切れず、私達をつれて家を逃げ、裁判により離婚となりました。

私の気持は父の気持

私の実母が三日目の夜に練成会に来た時に、父は私達が自分から離れて行く理由が分からない、と言っていたと聞きました。その時、ふっと気付いた事がありました。それは、今の私と父とが同じ事を思っていた、という事です。

「離婚の原因が全く理解できない」といった父と、「今夫に突然離婚を言い出され理解できない」と言っている私が、全く同じに思えたのです。父は「自分は悪くないのに勝手に私達が離れていく」と思い、私も「自分は悪くないのに夫が離れていく」と嘆いている。その時、父も今の私の様に悲しかったんだ、辛かったんだ、自分が愛した人と離れる事はどんなに悲しかったんだろう、と思うと、今まで父に私がして来た事はどんなに父を苦しめただろう、父は孤独だった、淋しかった、と今の自分とダブリました。本当に私は愛されていたのに愛せなかった、お父さんごめんなさい、と思いました。

夫は観世音菩薩

今、父が夫の姿をかりて、私に辛かったんだ、悲しかったんだ、淋しかったんだ、と訴えているんだと気付きました。夫のおかげで、父の事を思い出す事ができました。夫は観世音菩薩でした。そして私も夫に淋しい思いをさせていた、苦しめていた。夫は自分がすべて悪いと言っていますが、私は夫を自分が正しいと思い責めていたという事にも気付きました。夫にも悪かった、本当にごめんなさい、と思いました。そう思った時、何か自分の中のモヤモヤが晴れた気がしました。私が変われば世界が変わる。これからは父と母に感謝し、夫に子供に感謝し、夫の父と母に、そしてご先祖様に感謝し、練成会で出会った人達、先生方、生長の家の方々、全ての人に感謝できる自分になる様もっともっと変われる様に努力したいと思います。

「父が夫の姿をかりて、私に辛かったんだ、悲しかったんだ、淋しかったんだ、と訴えているんだと気付きました。今では夫婦調和の生活を送っていますが、夫のおかげで、父の事を思い出す事ができました」と言っています。谷口雅春先生の『あなたは無限能力者』（一一三頁）に次のように教えられています。

《地上の生活は体験の世界であり、体験によって我々は魂になくてはならぬ「教訓」をうけるのである。そのうけ方によって人間は向上する。いかに諸君はこれをうけつつあるや、すべて人生体験は教訓として受けるものは向上し、それを呪うべき不幸として受けるものはその体験のような教訓をよみとることができないが故にこれをよみとる力のできるまで幾度も同じ種類の苦しみがその人の人生体験に現れて来るのである》

娘の姿は過去の私の姿

京都府　奥村由香（37歳）

この体験は子供によって教えられた体験です。奥村さんは長女の知恵遅れで参加した。「長女の姿は過去の自分の姿」と娘に感謝した時、長女は変った。

養子の主人に不平不満

参加動機は、三歳になる長女が知恵遅れ、と診断された事からです。

平成九年に知人の紹介で主人と結婚しました。主人は男一人の長男ですが、私の家に養子に来てくれました。私は、この時ただ感謝しておれば良かったのですが、主人が持ってきてくれた荷物に対して不平・不満をこぼしていました。毎日使う家具に感謝がなかったのです。こんな思いで暮らしていると自然に顔にも現われ、主人とはケンカばかりでうまくいかず不調和でした。〝もういつ別れてもいいわ〟と思いながらも長女を妊娠、出産。本来子供が生まれたら嬉しいはずなのに、病院を退院する頃は悲しくて、何故か涙ばかりあふれてきました。

知恵遅れ

二歳になった時、

〝あれーっ、そういえばこの子、これまで何一つ話した事がない。第一、目が合わない。呼んでも振り向かない〟

と心配になり出した頃、以前来られた保健婦が来て下さいました。子供を見て一言、

「この子は音のない世界にいるのかもしれません」

ショックな一言でした。

京都国立病院へ聴力検査を受けに行きました。一週間後、全く大丈夫、五段階の音域で全て正常との事でした。それでは、何故、振り向いてくれないのか、問題はまだ解決しておらず、後日、第二岡本病院へ行き、そこで、

「あなたのお子さんは知恵遅れです。一生、この様な状態で他のお子さんに追いつくことはありません。普通学級は無理です。特殊学級もしくは、養護学校に行くようになるでしょ

う」

といわれ、何とも言えない衝撃を受け、また泣いてばかりの、食べられない、眠れない日々がやって来ました。

娘の姿は過去の私の姿

主人は、全くの宗教嫌いですが、生長の家へ行く事に関しては何も言わなくなってきました。むしろ、「今度はいつ行くんや」と言ってくれます。

今では主人にも、両親にも感謝が出来るようになり、毎朝、お父さん、有難う！　と言って見送っています。娘にも、自分の姿を変えてまで私に教えてくれている、娘の姿は過去の私の姿。目を合わさない、喋らない、過去の私だったのです。お話ししたい時期に私を演じてくれている娘を抱きしめて「ありがとう」と言えるまでになりました。

娘本来の姿が

練成会初日は、黒のクレヨンで絵を描いていた娘が、浄心行を終えた頃から赤やオレンジを使って画用紙一杯に描くようになりました。また三年間、一言も言葉を発せなかった娘が、同室の方の問いかけに、首を振って「ちがう」と発してくれました。また夜、消灯の際には、天井を指さして「いやや」と。もう嬉しくて感激し、その夜は一睡も出来ませんでした。すると、行動までこれまでと違うのです。トイレに入っても、スリッパをきちんと揃えて置くことも出来るようになりました。娘本来の姿が少しずつ、少しずつ出てきたかの様です。

その次の日、先祖供養があり、そこで私は知ってる限り、供養させてもらいました。主人の祖父は戦死されていて、特に以前から気になっていたのです。丁度、その時間帯、娘はこれまで絵らしい絵を描いた事がなかったのに、なんとひまわりが大きく地面から咲いている絵を描いてくれていました。これも御先祖様の導き、特に夏の花で戦死された祖父が喜んで下さっているに違いない、これからも娘のこと、私達家族のことを見守って下さるに違いないと、今はとても心強く感じています。最終日には、表情まで明るくなり、私の目を見て甘えたような表情、しぐさも見られるようになりました。笑いの大会では、心の底から笑え、気付くと娘も笑っていました。四人の先生から点をいただき入賞する事が出来ました。この御教えを知らなかったら、今でも娘を何故、何故、と責め続けていたことでしょう。小児科の先生や保健婦に決定的な事を言われたからこそ、この御教えに触れることが出来たような気もします。今はただ全ての人・事・物に感謝ができるようになりました。

何があっても人間・神の子、完全円満。これからは、私の体験を通してこの御教えをたくさんの方にお伝えすることが私の使命であり、早速愛行に励みたいと思っています。

その後の奥村さんの電話で、普通の幼稚園には行けない、と言われていた娘さんが、練成会参加後、毎日元気に普通の幼稚園に通っている、との報告があった。

虐待を受けた母親に感謝できた

池田礼子（21歳）

池田さんは宇治に来てから、小さい頃母親に虐待を受けたことを思い出したが、自分は神の子だとわかり、母親に感謝できるようになった。母親に感謝の電話をしたら、母親が虐待したことを謝ってくれ、宇治に来てよかったと思えた。

小さい頃のさみしい思い

私がここに来たきっかけは、ただ単に従兄弟《いとこ》が行くと言っていて、ノリで「じゃあ私も行こうかな」って言ったのがきっかけだったんです。ところが従兄弟は行けなくなって、私だけ総連会長さんに連れて来ていただいたんです。自分が悩みを持っていることも気づかずに来ました。ところが二月十一日の夜、無性に小さい頃に母親に虐待を受けたことや、義理の父への想いとか、さみしい思いとかがオープンになって来て、自分でも悲しくなって、涙が出て来て眠れませんでした。ビックリしたんですよ。だって誰にも言わない、言ってもどうせわかってくれないだろう。自分の母親でさえ自分のことで精一杯で、「自分が一番苦しい」とか口癖にしていたぐらいなんだからって。他人も全部、信じられなくなっていたんです。やさしく声をかけてくれる人のことでさえそう思いました。私の母だって外面は誰にも負けないほどいいのですから。私は本当に貧しい気持の人間でした。

殴られたり、蹴られたり

私は母の連れ子で、私が四歳の時に池田家に嫁ぎました。しかし、義理の父の方は世間体を気にする家だったんで、あいさつをする時、私のことを「この子どうするの？　もちろん施設でしょう？」と言われたそうです。それから母は〝あんたさえ居なければ〟という気持だったのでしょうか。殴られたり、蹴られたり、「あんたなんか生まなきゃ良かった」とさえ言われました。義理の父もなかなか私の名前も呼んではくれませんでした。「あんた」でした。私は〝あんたと言う名前じゃない、礼子だ〟とすごくさみしかった。後から授かった妹、弟達は幸せそうなのに、という気持で、生んだ母に「死ね」と言われたので「死んじゃおう」とさえ思いました。

私も神の子

けれど練成会に来て、「私も神の子なんだ。すばらしいんだ。それにその神の子さんを四人も生んだ母はもっとすばらしいんだ」ということを学びました。すごく救われました。私の話を聞いて、自分のことの様に涙を流して下さる人もいるんだと知りました。人間不信もここに来て直りました。そして、Y先生に個人指導で「もうすでに父と母を愛し始めているよ」と言われ、涙が出て来てすごく嬉しかった。その夜、いろいろ思い出して、義理の父も「礼、礼子」と声を震わせながら、初めて名前を呼んでくれたことを思い出しました。「ああ、義理の父も愛そう、私を妹と同じ様にかわいがろう、と努力してくれていたんだな。ああ、ごめんね」ってすごく愛しく思うことができました。

母に感謝

二日前に母に電話をして、「宇治に来てよかった。生んでくれてよかった。ありがとう」と言ったら、「今まで殴ったり暴力振るってごめんね。苦しめて来てごめんね」と言ってくれました。暴力振るわれてきたことや「死ね」と言われたことがかき消されました。自分が一番苦しいという性格の母がです。一生わかってくれないと思っていたから……。「自分が変われば世界が変わる」って本当だなと思いました。本当に来て良かった。

これからは祈りを一所懸命やって、世界で一番、三人の親に感謝したい。義理の父とも、これからが始まりだと思いました。練成会に来て良かった。また来たいです。ここで放送で「こんにちは赤ちゃん」の歌が流れた時、母の声にさえ聞こえました。涙が出て来ました。本当、来て良かったです。ありがとうございました。

ギャンブルによる家庭崩壊から調和へ

北海道江別市　高野洋子（50歳）

一家の主婦は、母親であり妻であらねばならない。ところが子供が出来ると子供の世話に気がとられ、ご主人がおろそかになり勝ちになる。するとご主人は、家庭を顧みず、仕事、パチンコ、酒に走るのである。ご主人を立てるようにすると一家が整ってくる。

甘えてばかり

私たち夫婦は、結婚以来ずっと共働きを続けていましたが、次男が生まれた頃から、わたしが疲れやすくなって、仕事から帰ってからも、すぐ疲れては寝る、という状態が何年も何年も続いていました。やさしい主人は、「おれがしてやるからお前は寝てろ、寝てろ」といってくれる人でしたから、それをいいことにして私はそれに甘えてばかりいました。

ギャンブルによる借金

それが、何年も続いたものですから、主人も不満が積もり積もってバクハツしてパチンコにいったんですね。主人はどんなにかさびしかったのでしょう。

主人がパチンコに熱中し始めたのは九年位前からでした。休みの日などは、朝からパチンコをやって、一日過ごす。夜遅くまでやっていますから、だんだんだん家に帰りづらくなる。家に帰ろうとするのですが、帰れないのです。それで、サウナや健康ランドで泊まって、朝になってそのまま会社に行く。夜通し待っている私は心配で、朝になると会社に電話する。そんなことを繰り返していました。ギャンブルによって主人の借金もかさんでいきました。平成十二年になって夫婦の間は最悪になり、家庭は崩壊寸前まで行きました。そして、とうとう別居することになってしまいました。

宇治練成会へ

その少し前から私は生長の家の御教えにふれていましたが、主人は札幌教区の高野相愛会連合会長の強いお勧めにより、会社も辞めて、宇治別格本山の十二月の一般練成会を受けることになりました。借金はあるし、生活も大変だし、宇治へ行くという状況ではなかったのですが、なけなしのお金をはたいて主人は宇治練成に発っていきました。

主人は十二月の一般練成会を終えると、伝道練成会を受け、研修生として宇治に残って修行することになりました。

〝主人が一所懸命変わろうとして頑張っているんだもの、私も練成を受けよう〟と決意して、平成十三年の二月、高野会長先生の奥様に連れられて、私も宇治の一般練成会を受けました。

練成道場に入って一番先に目についたのは「自分が変われば世界が変わる」の垂れ幕でした。〝ああ、やっぱり自分が変わらなければ周りは変わらないんだ〟と気がつきました。練成会を受けているうちに、それまでの自分の姿が見えてきました。

主人が悪い、ギャンブルに溺《おぼ》れている主人が悪い、と思っていたのが、主人をギャンブルに走らせていたのは自分だった、と気づかせていただきました。それまでの私は、〝自分は正しい、他人は間違っている〟と思っていましたし、人から与えられるのは好きだけど、私から人に与えるということはなかったんですね。練成を受けて、〝ハァーこれがダメだったんだな〟と気がつきました。主人に対しても、誰に対しても貰うことばかり考えていて、愛を出すことをしていなかったことなど、少しずつ少しずつわかってきました。

すばらしい主人を信ずる

宇治から帰って来てから、私も神想観、先祖供養をできる限りやらせていただきました。宇治に行っている間中、〝主人はすばらしい！　必ず、本来の主人のすがたが現われて、真理をいっぱい身につけてかえってくるんだ！〟と信じられたのですが、子供たちはそうは行きません。

特に長女は、それまでの主人を見ていますから、「そんなところへ行ったって、お父さんは変わらないよ」というのです。でも私は、そういう子供たちに、「いや、絶対大丈夫、お父さんは変わってくるから……一皮もふた皮もむけて、変わって帰ってくるから……」と言っていました。

そうはいいながらも、一つ心配だったのは、主人が宇治から帰っても年齢が年齢なものですから、男性の四十八歳で就職先をみつけるのはなかなか難しいかな、という不安が少しありました。娘は特にそういう気持が強くあって、「お父さんは五十近いのに、仕事探すのって無理だよ、お母さん本当にお父さんとやっていけるの」って、何度もいいました。でもその度に、私は「大丈夫、大丈夫」と子供たちに言っていました。

宇治から帰って、現在良い仕事も与えられて、親子五人頑張っています。長い間主人のギャンブルで苦しめられていましたので、娘は主人を信用出来なくなっていましたが、私に向かって「お父さん宇治から帰ってきて変わったよね。すごく明るくなったしね」といいました。主人に直接言ってあげれば……と思うのですが。

夫婦調和で家庭が変わる

娘もまじめに働いてくれるし、高校三年生の長男も週四日アルバイトに行っています。私たち夫婦は二人ともメガネをかけていますが、先日も、「もうそのメガネ十年くらいかけているでしょう、もう古いよ」といって、姉弟二人でお金を出し合って二人にメガネを新調してくれました。二人の気持が嬉しくて、涙がこぼれました。夫婦が調和して仲良く暮らしていれば、子供は何もかもわかってくれるのだ、ということがわかりました。

主人は、車で通勤していますが、朝の早い不規則な時間帯で仕事をしている関係上、神想観をしたいのですが、その時間がとれない時なども、車の中で、覚えた神想観をやっているようです。バックミラーを利用して、自分の明るい表情を映して、「自分は明るい、自分は明るい、自分は変わった、自分は明るい」と言葉の力を活用して、自分を変えることを実践しているようです。本当に私たち一家は、生長の家のみ教えにより救われました。以前は考えられないような、幸せな生活を送らせていただいております。主人が悪い、他人が悪いとばっかり思っていた間は、少しも生活が良くならなかったのですが、すべて私の責任だった、主人は悪くなかったと気がつかせていただくことによって、こんなにもすべてが変わるのだ、ということを体験させていただきました。

二歳の時に別れた父親と三十九年ぶりに再会

札幌市　米本洋明（41歳）

元研修生で現在教化部勤務の米本さんは、父親に感謝出来たら《その感謝の念の中《うち》にこそ汝はわが姿を見、わが救《すくい》を受けるであろう》と「大調和の神示」にあるように、二歳の時に別れた父親と三十九年ぶりに会えた。父親は「一度も子供の事を忘れたことがない」と言ってくれた。

父と母のこと

私が離婚をした時、語気を強めながら言われた母の言葉を、今も鮮明に覚えています。

「これからあなたは魂の勉強をさせられるのよ」

私は当初、この言葉の意味が判りませんでした。しかし、今、この体験談を書いていると〝そうだな〟と思えるのです。今、私は神様がお作りになった〝道〟に沿って歩んでいるような、そんな気がするのです。いや、もしかするとずうーっと以前からかも知れません。

私は、テレビドラマで有名になった「北の国から」のロケーションの地、北海道富良野市麓郷で生まれました。母は北海道深川市生まれのチャキチャキの行動派。父は山口県下関市生まれ、八人兄弟の末っ子でボンボン育ち。父方の小野家は町の名士で相当の家柄だったようです。頭も良く、大学は大阪外語大学英文科を卒業したなかなかの男前。ですから女性やお金にはルーズで、兄弟からはあまりよく見られず、煙たがれた存在だったようです。その父を見かねて、当時富良野市の東大演習林所長に嫁いだ姉が呼び寄せたのです。

そのような父と母は結婚し、やがて兄が生まれ、私が生まれました。でも父は相も変わらず、お金は使い放題、女性をあちらこちらにつくり、好き勝手な生活をしていました。とうとう母は我慢が出来ず、兄と私を連れて、母の直ぐ上の姉がいる沼田町という町へ移り住んだのです。

ガラスのように敏感な心

それからは、母と兄と私の三人の生活が始まりました。母は、私達を育てるため、「北海道開発庁沼田農業開発事務所」という農業ダム建設に従事している男子寮の賄《まかな》いの仕事を、母子三人住み込みで働き始めました。私は普通の家族と違う、絶えず他人と、しかも大人社会の生活環境のもとで幼少時代を過ごしました。だから、家族団欒でご飯を食べることも、テレビもありませんでしたから好きな番組を見ることも出来ません。なぜなら、夜になると酒を飲み、飲んだら口論になったり、殴り合いの喧嘩です。また、マージャン・花札・サイコロと、こんな毎日でした。そんな環境にいましたから、小学校一年、二年生の頃には、賭け事の殆どは覚えました。

ある時、私のことで母が何か言われているところを、偶然目撃したことがありました。

「洋明の躾《しつけ》がなっていない。あんたはキチンと躾をしているのか」

母がなんと応えたかは覚えていませんが、私にとって大変なショックでした。それからの私は、絶えず自分のことをどう見られているか、良く見られているのか、悪く見られているのか、大人に一挙手一投足を一瞬のスキも見逃さないようにして、良く見られようと努力しました。そうすれば母がいじめられないで済む、と子供心で思ったからです。

その考えがいつの間にか習慣となり、〝ガラスのような敏感な心〟を作っていたのです。自分の考えを無くし、絶えず人の心に翻弄《ほんろう》され、こんな心ならナイ方がどんなに楽か、といつも思っていました。

心のズレ

こんな幼少時代を過ごした私は、人一倍、結婚したら普通の家に住み、家族団欒で食事をし、苦しいときも楽しいときも二人で力を合わせ、心を一つにして暮らしていこう、と思っていました。やがて私は就職し、そして結婚し、子供も出来、資格を取り、地位も上がり、給料も上がり、そして念願だったマイホームを買うことが出来たのです。物質的には思った通りになった訳です。

ところが、暮らし的に豊かになった反面、妻とは段々と心のズレが生じていました。妻は子育て、私は地位が上がるにつれ、責任や仕事の量が増えていました。心のズレに気づいてはいましたが、さほど重要だとは思っていなかったのです。いや、心のズレがあったとしても、お互い分かり合っている、と〝忙しさ〟を言い訳にして、いつのまにか物質の豊かさに目が奪われ、しかしどこか満たされない空虚な生活が続きました。

〝心のズレ〟の危機感を感じた時には深い溝となって、段々と二人で築いた家庭が苦しい空間となり、安らぎの無い裁《さば》き合いの住み家としか思えず、会社と家庭の狭間《はざま》でもがき苦しんでいました。その溝を埋めようと思いながら、なかなか心の扉を開けることが出来ず、反対にお互いの不平、不満を主張し、溝が深まって行ったのです。

私は、そのストレスに耐えきれず、平成七年、自分で病院に行き、医者からウツ病と診断され、三年間薬を飲み、だましだまし仕事を何とかこなして行ったのですが、とうとう仕事が出来なくなり、上司に相談し三ヵ月間会社を休む事にしたのです。そして、半月後には別居、離婚と、それでなくても暗い思いにしかならない心に、さらなる追い打ちがかかり、また、別れた妻から段々と養育費が上げられ、その度に怒りに震え、憎しみの極限までいきました。生きる気力も湧かず、体も動かず、朝起きてからただ一点だけ見つめる、そんな地獄の様な生活でした。

すべてを捨てて宇治へ

それからは、今思えばありがたいことに、母が生長の家をやっていましたので、あちらこちらの練成会に行きました。総本山の団体参拝練成会と一般練成会、札幌教区の総裁先生御指導の特別練成会、宇治の練成会に二回、十勝教区の「大平原練成会」には三回、それぞれに参加しました。当時、練成会に行くしかなかったのです。当初は〝なぜ自分だけが〟と只々自分の運命を恨み、愛していた子供を思うと悲しく淋しく、辛い目に遭わせた、と自己嫌悪に陥《おちい》るばかりでした。

しかし、平成十年十二月に総本山の練成会を受けた時でした。参加者の中に〝笑い〟を二時間続けて癌が癒えた人とたまたま出会い、それから毎日行事が終わると一時間の〝笑いの練習〟をさせられました。それを三週間続けました。練習七日目でした。練習が終わって布団の中で何とも言えないほどの〝悦び〟を体全体に感じました。この体験は生まれて初めての経験です。この悦びをどう表現して良いのか判りません。あんなに暗い気持でいた私が、言葉に表せないぐらいの〝悦び〟を感じたのです。

それからの私は、真剣に講話や行事に参加するようになりました。〝心の法則〟を知り、決して周りが悪いのではなく、他人でも無く、別れた妻でも無く、幼いときの環境でもない〝自分の心〟で作り出した人生だ、と判りました。そして憎んでいた妻を赦《ゆる》すことが出来るようになったのです。

それからは会社にも復帰し、仕事も徐々にですが出来るようになった平成十一年一月、札幌であった総裁先生御指導の特別練成会に参加して、体が思うように動くようになったのです。それと同時にもっと「生長の家のみ教え」を勉強したい、と強烈な心境になり、平成十一年四月宇治別格本山の研修生になりました。会社には、誠心誠意自分の考えを話すと快く承諾してくれました。上司は、私がウツ病になって離婚したことを心から心配してくれていました。「会社に残って欲しい」と最後まで言ってくれたことに、今でも感謝しています。

宇治へ行く前の日だったと思います。自分の思いを友達に話すと烈火の如く反対されました。友達の縁を切る、とまで言われました。今振り返ると私は、全てを捨てて宇治に来たような気がします。研修生活は、徹底した下座の行、毎日行った先祖供養や三正行、また、父、別れた妻、そして愛する子供を生存永代祭祀※へ申込みもしました。楠本先生から親に感謝する大切さを学んだ時、父と離婚した訳を母から初めて知ったのもこの時期でした。たった七ヵ月間の研修生活でしたが、色々な人との出会いや別れがあり、私にとって何年いや何十年の価値ある生活でした。

下山して私は、生長の家札幌教化部の職員として、又、相愛会札幌教区連合会の副連合会長、事務局長、総本山・宇治別格本山対策部長を拝命し、相愛会運動に全力で活動を続けています。

三十九年ぶりに父と再会

それから一年と半年経った時でした。今生に於いて絶対に会うことが出来ないだろう、と思っていた父に会うことが出来ました。父を生存永代祭祀に入れていたので、もし亡くなっていたら宇治に祀って貰おう、と下山してから父の消息を探していたのです。又、親と子の絆、親に感謝することの大切さを宇治で学び、そして自分も親と同じことをした、自然に理屈でなく父は生きているのだろうか、父はどんな人だろうか、父はひょっとして淋しい気持でいるのではないか、と思えるようになったのです。

役所から除籍謄本を取り寄せ、戸籍を追いかけました。戸籍が止まっていたところは生長の家本部がある原宿のすぐそばでした。平成十三年の代表者会議終了後の夜十時、三十九年ぶりに父と会えたのです。会ったその瞬間、お互いに父と息子だと判りました。父は鼻から管を通しベッドに横たわっていました。一時間ぐらいお互いの人生を語りました。意外と淡々とした会話でした。帰り際、父の手を握り、そして背中をさすって「ありがとう」と声を掛けた途端、父は号泣しました。父に会えたのは生存永代祭祀として祀り、そして祈り、感謝したお蔭だ、と思っています。

＊永代祭祀……ご自分が生存中に申し込まれる場合は、自筆でお守り型の祭祀用聖経『甘露の法雨』の表にご自分の名前を書き提出されますと、生前は、生長の家総本山龍宮住吉本宮の御神前の宝篋《ほうきょう》に奉安され、神様の祝福の霊波を受けられることになり、死後は、生長の家宇治別格本山の宝蔵神社紫雲殿に遷《うつ》して永代祭祀されます。このことは、常にその霊魂が聖経に守られていることを意味するので、その功徳ははかり知れません。
生前、聖経の表に名前を書き遺《のこ》さなかった方を宝蔵神社にお祀りしてあげたい、とご遺族が希望される場合には、ご遺族が代わりに聖経の表に故人の俗名を書き、本人の霊波を招くために生前着用された衣類の一片を聖経の中に挿《はさ》み、永

代祭祀することができます。（但し衣類はなくとも祭祀できます）

流産児もご家族の一員ですから、ご遺族が希望される場合は「實相妙楽宮地蔵〇〇〇〇童子」の解脱名《げだつめい》を以て永代祭祀できます。

楠本先生への手紙

私は宇治別格本山総務の楠本加美野先生に手紙を書きました。

《合掌、ありがとうございます。

札幌もようやく雪解けが始まりそこかしこに春色が動く気配がします。宇治の方は、これから桜本番になり景色も賑やかになりますね。今、私の心も春の様に穏やかな気持でいっぱいです。先月、楠本先生と代表者会議で少しだけですけど、お会いしましたね。次の日の夜、私は三十九年ぶり（私が二〜三歳頃離婚したので生まれて初めてです）に父に会う事が出来ました。実は昨年にも、父の住んでいる家まで行ったのですが、帰りの飛行機の時間もあり、会う事が出来ませんでした。でも、今回は会える様な気がしました。

家の近くの喫茶店に五時間も粘って、ようやく会う事が出来、父の顔を見た瞬間、私の父だとすぐ解りました。父は鼻に管を入れて寝てる状態で肺に水が溜まる病気だとかで、酸素を強制的に送らないと苦しいと言っていました。一時間ぐらい居たでしょうか。意外と淡々とした会話で、トシ子（母）、雅俊（兄）は元気か、再婚したのか、どうやって生活していたのか、とかいろいろお互いにポツポツとですが、話をしました。

父は最後に「私たち親子の事を一度でも忘れた事がなかった」と言ってくれ、又、「自分の人生は波瀾万丈であったし、人にも騙《だま》され、挙句《あげく》の果ては歩く事も出来ず、惨《みじ》めだ」と淋しそうに語っていました。

私は、それを黙って聞き、帰り際に生んでくれてありがとう、と言う事が出来ました。そして、握手をして、背中をさすると父は泣いていました。

淡々とした会話でしたが、もう二度と会えないと思っていたのでしょう。何かホッとしていた様子でした。私は改めて生長の家にふれて良かったと思っています。生長の家にふれていなければ、父を探す事も、会う事も、ましてや、生んでくれてありがとう、なんて言わなかったと思います。又、母も離婚した理由はともかく、息子と父が再会した事によって安堵している様です。今は自分の大役を一つ終えたなと思っています。後日、父に『生命の實相』を送ろうと思っています。うまく文章にまとめる事が出来ませんでしたが、先生にご報告までと思いペンを取りました。諸先生によろしくお伝え下さい。乱文乱筆にて申し訳ありません。再拝》

父も私達以上に苦しんだ

会ってから二通の手紙が私の元に届きました。一通は、父と再会出来た平成十三年二月二十八日から十日程経ってから届いた手紙です。

《拝啓、孟春の候と相成り、少しやわらいだ春の光が窓からのぞき込み、病気でふさぎ込みがちな心を明るくしてくれている。

さて、二月二十八日には、「母を尋ねて三千里」ならぬ、父をたずねてきてくれて心より厚く御礼申し上げる。恨みつらみ何一つ言わずにいるお前に、手をついてお詫びもせず、申し訳なく思っている。この父の不心得のため、母子三人は苦節三十九年、貧しい思いをしたろうに、悲しく淋しくつらい思いをした事であろうに、と思うと自責の念を禁じ得ない。

「人生五十年下天のうちをくらべれば、夢幻の如くなり」と云うが、滔々《とうとう》として流れる私の生涯という川は波瀾万丈、千変万化、よるべもなくその殆《ほとん》どは、沢山の人に迷惑をかけるのみであったと後悔している。

今は、十四年前に呼吸難発作にみまわれ、不治の難病に苦しむのも自業自得、すなわち天罰なり。「天道は親は無し、常に善人に与す」と云うがその通りである。母子三人の苦労を思えば、当然の報いである。この様な父でも、お前達の事は忘れた事はなかった。すまぬすまぬと心で詫び、罪の呵責《かしゃく》に責めたてられ後悔の涙にくれていた。

私の余命はあまりあるまい。人生末路の哀れさもかくあらんやなり。

洋明は、現在、自らの家族がないとは誠に不憫《ふびん》なり、男は家族がないと悲惨である。この父に何の力もないので、どうしてやる事も出来ず、申し訳なく、心残りである。一日も早く再婚するなり、復縁してくれるように。母や兄と相談するように。母の恩を忘れず、兄とよしみをより深め、充実した人生行路を確保されたし。これから、ときより手紙を書くようにするが、長い時間うつむいていると、呼吸難になるので、理解されたし。二十四時間酸素吸入しないと生きておれぬとは辛いものである。

お母さんによろしく、雅俊によろしく伝声されたし。ことに、体を大切に、病気はつらくみじめである。では又筆をとる。　敬具》

と、この様に書いてありました。

私は、この手紙を読んで、たとえどんなに父に責任があったにせよ、どれだけ自分の事を三十九年もの間、苦しんでいたか、罪の呵責に責められていたか、父も私達以上に苦しんでいたんだ、と分かり、それを思うと涙が出て止まりませんでした。この手紙を読んで私は「この本を一所懸命に、命懸けで読んで下さい」と『生命の實相』第一巻と聖経を添えて手紙を送りました。父は『生命の實相』を読んでくれました。それは「真理」にふれたことになると思います。

神の御手となって

今、私はこう思います。両親が別れ、そのために普通と違った幼少時代を送り、物質面にばかり目を奪われ、病気になり、そして両親と同じことはしないと思っていた家庭が破《は》綻《たん》し、骨を埋めるつもりでいた仕事も辞めてしまった。やはり父と同じ波瀾万丈の人生だと思う。しかし、実はこのときから生長の家にふれることになっていて、神の御手となって生長の家のみ教えを多くの方に伝えるようになっていたのかも知れません。私の体験が多くの人の救いとなるならば、と言える自分が誇らしく思えてなりません。今後、この「生長の家」で生きて行こう、と思います。

第五章　自己啓発をサポートする

解説　長田　忍

生長の家宇治別格本山では練成会とは異なった形態で真理研鑽のできる能力開発研修会や新入社員研修会など各種の研修会を定期的に開催しています。練成会の参加者が問題意識を持って参加されるに対して、研修会は主に「生長の家」は初体験の人たちで、宗教に無関心な人や宗教アレルギーの人も参加されます。と、いうのも社長やオーナーが「生長の家」に共鳴し、経営理念としておられる会社から社命で派遣されるのです。

来る前は、破れ寺の古びたお堂で袈裟を着た僧侶が抹香臭い話でもして、洗脳するのではないか。おまけに滝で水行させ、帰るときには高価な壺でも売りつけるのではないか等と、想像もたくましく不安一杯でおられます。

ごく普通の受付職員。背広・ネクタイ姿の講師陣。地上二階・地下三階の立派な研修所や大講堂から望む山紫水明の宇治川を眺め、戸惑いながらも徐々に心もほぐれ不安感もぬぐわれて行きます。近頃は心の豊さを求める人、もっと悦びを持って生きたい人、自己啓発したい人、就職活動中の人、人間関係を改善したい人なども増えています。現状に満足することなく前向きに人生をより充実したものにするため個人で参加する積極派です。

参加者は三十名〜四十名とこじんまりしていますが、ほとんど全期参加されるため、アットホームできめ細かいサポートができます。日を追うごとに先入観念も消え、参加者同士も打解け合って、次第に笑顔がこぼれます。心を開きこの研修で知り合って意気投合し、後に結婚されるケースもあります。

最終日、決意発表ではみな異口同音に「参加して良かった、最高の体験が出来た」「こんなに素晴らしい生き方があったのか」「父母に感謝できた」「人生観が根本から変わった」と喜ばれます。

研修内容は『生命の實相』四十巻のエキスとも言うべき『あなたは無限能力者』をテキストにし「自己内在の無限能力に目覚める」・「必勝の生活法」・「人生成功の秘訣」・「心で運命を支配する法」・「父母への感謝」・「先祖の導きと供養」・

「日本人としての誇りある生き方」・「地球の環境を守るために」と多岐に亘った講話。また、ゲスト講師による体験をまじえた迫力ある講話。さらに、グループ別座談会や面接・神想観・浄心行・先祖供養祭・祈り合いの神想観といった行事もあります。研修会はあなたの人生最大の転換の機会となると確信しています。ぜひご参加下さい。

次に能力開発研修会や新入社員研修会に参加した参加者の体験手記を掲載します。

生長の家の御教えを社員に伝える

茶っきり娘本部社長　葛山夏輝（40歳）

参加した動機は、今現状経営する会社に行き詰まった事と、将来どのようにして、どの方向に向かって、どういう事業計画を立てて、経営していけばよいのか一度原点にもどって考えてみたかった事と、個人的にこの研修会に参加する直前、とても辛かった時、その日近所の生長の家の会を行っているA氏より『光の泉』『理想世界』の本が偶然にも届いており、その晩悩んで眠れぬ私は、そこに記載されている案内を通じて能力開発研修会を知り、参加する事に決めました。

講話を伺う間に、生長の家の教え、人間神の子本来無限力、劣等感を持っていたら能力の二分の一しか発揮できない！　エジソンのビデオにもあったように夢は必ず実現する。問題には必ず解答がある。失敗ではない！　失敗ではなく成功する前の練習だ！　と失敗を失敗でないと考えるエジソンの生き方に改めて深い感銘を受けました。

葛山さんは会社経営に行き詰まりを感じ、経営の指針を求めて、能力開発研修会に参加された。研修により「人間・神の子本来無限力」に目覚めると共に劣等感の原因に気づかれた。劣等感を克服し、失敗を恐れることなく、成功を確信できたのです。

谷口雅春先生は次のように示されています。

《誰でも失敗はある、失敗に悲観するな

「旨《うま》く行かなかった」場合だけを心に留《と》めて、「自分は駄目だ！」と思い込んでは劣等感を増加するばかりだと云うことになるのである。一ぺんの失敗でも、百遍心に繰返せば、百遍自分の心に印象されることになるのである。こうして一つの失敗は、それを思い起すたび毎に、百倍、千倍、万倍に印象せられることになる。そしてこれが劣等感の原因になる。だから劣等感を無くしようと思ったならば、失敗をしたことを数《かぞ》えることを止めて、成功したことを数える方がよいのである。》（『真理』第八巻　信仰篇　谷口雅春著　一七九頁）

《失敗は進歩への蹈石である

形にあらわれたる失敗は、心の間違を形に映して見せてくれる鏡なのである。だからその失敗を鏡面に映った「心」の影であるとして、自分の「心」を反省して改めれば、失敗は却って次の成功の蹈石《ふみいし》になるのである。だから失敗しても失望することは要らない。その形のあ、ら、わ、れを自分の教師であると感謝して、心を改めて、改めた心を基礎として行動にそれを実践するならば次は必ず成功するのである。》（同書　一七六頁）

初日に伺った神想観の講話は、一生忘れる事が出来ない。今後の自分にとってすごくプラスになりました。ありがとうございました。手に取るように自分の心に変化が起き、俺だって今からでもやれば出来るという感情になり、ヨシ！　じゃあ最後までがんばろう！と決意しました。そんなところが感想です。最後に喜びの先祖供養と浄心行には心より感銘を受けました。

今回、ここで学んだ生長の家の教えを、すぐに会社において自分の社員・従業員に伝え、〝言葉の力〟をうまく活用して活かしていきたい！　と強く願うと同時に、必ず実行するんだ！　との決意を胸に帰社します。そして、尚七十六歳に老いた現在でさえも、お世話になっている母親にまず感謝するつもりでおります。母親を第一に兄、姉、自分を取り巻いている周り全てのみな様に感謝の気持と、これから変身する自分を見てくれ、と声を大にして言いたい心境です。

生かされている喜びに感謝

㈱ラミール　奥邨清美（22歳）

《家族の精神状態は互いに感応して、家族全体の雰囲気を醸《かも》し出すのである。家族の一人が良人《おっと》又は父親に不従順であって、そのために良人又は父親が腹を立てているならば、その腹立ちを言葉にて表現しないにしても、その抑圧し鬱《うつ》結《けつ》したる腹立ちの感情は、肉眼には見えないけれども、家族全体に悪気流の如く発散しひろがって、家族全体をその悪気流の如く雰囲気の渦巻の中に包んでしまうことになるのである》（『女は愛の太陽だ』谷口雅春著　一八六頁）

父親に反抗していると家族全体が悪くなります。これとは反対に「一人出家すれば九族天に生まる」という言葉がありますが、一家のうち一人が真理に触れ神の子として感謝の生活をしますと、一家全体が光明化してしまいます。

奥邨さんが研修を受けて父親に感謝すると自分の営業成績が上がるだけではなく、暴走・シンナー・万引きなどの常習犯で警察のご厄介になっていた三人の弟達までが変わってしまいました。

私は平成十二年、尊敬する会社のオーナーである河村京子さんに「研修を受けると人生変わるよ」と勧められて、店長と一緒に能力開発研修会に来ました。着いていきなり、手を合わせて「ありがとうございます」と言われたときには、とてもびっくりしました。それから研修が始まり、笑いの練習とか正座をして神想観させられたりした時には、〝ぜったいヤバイところへ来たんだ〟と思って、逃げ出したくなりましたが、店長も一緒なので逃げるわけにも行かずそのままいました。

しかし、不思議なことに一日、二日と日が経つにつれ、講話を聞いたりビデオを見て感動して涙を流している自分にびっくりしました。

私の家は私が一番上で、下に弟が三人いて、中学二年の時に両親が離婚しました。

私は母に引き取られていて、これまで家族そろってごはんを食べたこともなく、まわりの家庭がよく見えてうらやましくて仕方がありませんでした。両親が離婚したのは、父がお酒ばっかり呑んで、全然働かず、おまけに母に暴力を振るったりしたからでした。弟と言えば、三人とも暴走、シンナー、万引きなどの常習犯で警察のご厄介になることばかり繰り返して母を困らせていました。弟たちをかわいいと思ったことは一度もありません。

高校を卒業して就職してから、一度私がヘルニヤで入院したことがありました。父が初めて見に来てくれて、〝ああ、お父さんも親らしいいいとこもあるんやあ〟と思っていたら、その後、電話がかかってきました。私の身体の事を心配してかけてきてくれたかと思ったら、「お金貸してくれへんか」といわれました。財布の中に五千円しかないというと、そのお金さえ「どうにかならへんか」と言われ、私は悲しいやら、情けないやらで尚一層父に対して恨む気持が強くなりました。

宇治の生長の家で、親に感謝するという研修があると聞いたとき、〝お母さんには感謝出来ても、お父さんには絶対感謝出来ないわ〟と思っていました。一緒に研修を受けている人で身体の不自由な人がおられましたが、その人が、「お父さん、お母さん、ありがとうございます」と感謝している言葉を聞いて、私は健康な身体に生んでもらって何不自由なこともなく育って来たことに気が付きました。私も言葉に出して「お父さん、お母さん、ありがとうございます」と言っているうち、死んでしまったらいいとまで思っていたお父さんの姿が浮かんできました。私が幼いとき可愛がってくれたこと、離婚が決まったとき、さびしそうに一人でお酒を飲んでいた姿などいろいろ浮かんできて泣けて泣けて、一番感謝出来なかった父に感謝がわいてきました。

研修中の私の携帯電話に弟から、「研修がんばれよ、寒くないかあ」とやさしいメッセージが入りました。こんな事は初めてでした。〝やっぱり弟もかわいいなー〟と、自分の気持の持ち方でこんなにプラスに変わって来ることに気づきました。

宇治の研修会から帰って、無性にお父さんに会いたくなりました。でもどこに住んでいるのかもわからなかったのですが、弟の一人が父と連絡を取っていたらしく住所を教えてくれ、父に会うことが出来ました。昔の印象と違って、髪は薄くなり、やせて小さくなっていました。いろいろ話が出来て、別れてからも父は再婚もせず、子供の事を思ってくれていたこともわかりました。私も「はじめは嫌いだったけど、今は感謝してるよ」と言うと、嬉しそうな顔をしていました。今までたまっていた気持がどこかに行き、父と近くなれた気持です。私は父の子に生まれてよかった、と思えるようになりました。

弟三人も、一番上の弟はがんばって働くようになり、真ん中の弟は市場で朝早くから、夜遅くまで仕事をしていて、一番下の弟はどこも行く高校がないと言われたのですが、定時制高校に通いながらアルバイトしてがんばっています。今まであまり弟と話をしなかったのですが、最近は家の事など話をするようになり、今弟とお母さんを助けるためにいろいろ考えています。

今の会社に入って八カ月、努力してもなかなか実績が上がらずにいたのに、仕事の面でも変わってきました。少々のことでは挫《くじ》けない、ねばり強さが出て来て、自主目標に対しての達成率が目に見えて上がってきました。これも生長の家の研修会を受けたおかげと感謝しています。

㈱ラミール社長　河村京子

【追記】

順次社員が研修に参加させていただいておりますが、奥邨さんもその一人です。研修会に参加するまでの彼女は、前向きに仕事に取り組んでいきたいという思いは強くあるのですが、時々集中力を欠いたり、自信がなくなったり、仕事を辞めたいと言うときもあり、結果として成績も上がらないということもありました。そのことにより、また自信をなくすという繰り返しでしたが、研修会に参加してからの彼女は集中力もつき、前向きに仕事に取り組むようになりました。今では、会社を支えて行こうという思いになり、お客様からの評判もよく、結果として成績も上がってきました。研修会以来、見違える程明るく前向きになり、彼女本来の姿が現れて、社員一同、今後に期待しています。研修会に参加させていただいて本当に感謝しています。

警察に二十回も捕まった果てに

長島博行（18歳）

ある日、友達の家に十日間泊まっていて、久しぶりに家に帰ったとき、お父さんは僕に「今日の昼から修行をしに行け。それでおまえの悪い癖をたたき直してもらえ。だから、今から宇治の生長の家に行け」って言われてこっちに来ました。けれど、前に他の所に五回ほど行っても治らんのに治るわけがないと思いました。けれど、自分も前から就職もしなあかんと思っていたし〝悪いところを治せたら治そう〟と思いながら来ました。

自分は、自転車、原付バイク、単車、電車の中でのスリ、コンビニやデパートでいろいろな物を取ったり、スノボーのボード、スケボーも取りました。後は、親の金を取ったり、おばあちゃんの家に入ってお金を捜したり。ケンカをしたり、暴走族に入っていたり、学校のガラスを割ったり、まだまだ他にもやってきた。悪行をやって来て、おまけに警察の人に二十回ほど捕まったり、いろいろやってきました。

そして、宇治の生長の家に来ました。受付に入るといきなり、「ありがとうございます」

と両手を合わせて僕に言いました。その時に〝ヤバイ所に来たのかもしれない〟と思い、受付を済ませました。それでオリエンテーションが始まり、〝どても変な所に来た、ヤバイ、どうしよう〟と思いました。

授業が始まりました。〝僕の頭で理解ができないほど、わけのわからんことをいいはる〟と思い、その時に「親には感謝をしなくてはいけない」と楠本先生に言われました。その時、僕は〝あーそうか、親に感謝しなくてはいけないな〟と思いました。それは警察署に親に二十回も迎えに来てもらい、迎えに来るたびに泣いている母の姿を思い出していました。

次の授業が始まり、笑いの練習とかいって〝むりやり笑わなあかんのかなー〟と思いました。笑いの練習が始まった時、血の気が引きました。司会の人が呪われているみたいに笑うのです。その時、僕は胸に決めました。〝ここはかなりの危険人物がいるはず、脱走しなければ、呪われて、元からアホの頭をますますアホにしようとしている〟と思いました。その夜、三人の友達が寝て、夜中の二時に帰ろうと思い、用意をしていました。廊下に出ると、お化けが出そうやからやめました。

二日目になり、四時四十五分に起こされました。それで、お経みたいなやつをあげました。体験談の話はとても好きでした。けれど〝うそや、ぜったいうそや〟と思いました。

それで三日目も、僕の体に異常な事が起きようとしていたのです。面接のとき、楠本先生に相談にのってもらい、内容を話すと、「君は両親に反抗しているんだよ」って言われました。自分でも〝あー反抗しています〟と思いました。それで、次に「昔なんかなかったかな？」と問いかけられて考えてみると、一つ僕が昔から親に対して怒っていることが見つかりました。それは、両親が美容師を二人ともしているので、僕の相手をしてくれなかったんです。昔はちっちゃかったから、淋しい思いをしました。しかし今は「昔は忙しかったから仕方がないな」と思いました。そして先生から「親に感謝したら治る」と言われたのです。

けれど、心配になって眞藤先生に相談にのってもらうと、楠本先生と同じことを言われました。それで眞藤先生は「浄心行の時にむかつくこととか、悪いことをした、ということを紙に書いて燃やす。そしたら、心がスッキリする」と言われました。その時は、うそと思いました。

けれど、その時間が来て、紙に書いているだけで、涙がちょぴっと出てきました。自分でもびっくり。それに書いてあることを思い出したときに涙が出ました。そして燃やす時間がきて、燃やしていると不思議な事に、一度も親のことを思って泣いたことないのに、涙が出ました。思い出が走馬灯のように心の中を走り出したのです。それで、お父さん、ありがとう、お母さん、ありがとう、と言うだけで涙の量が多くなりました。そして歌が流れて、それでまた涙の量が増えてきたんです。みんなにバレないようになんとかしました。それで夜、みんな寝てから一人で泣き出しました。

決意は、まずここで自分の心をスッキリできて、親に心の底から謝ることができるので、まず親に心の底から謝り、次に自分が入っている暴走族を抜けて、次に彼女と結婚して、次に就職先で立派になって、親の後を継いでやって、めいっぱい親孝行します。以上です。

彼は現在、真面目に美容室に勤務し、一流の美容師を目指して家業を継ぐための勉強をしている。

喜んで生きることこそ最高の供養

株式会社イマージュ店長　武田由佳子（25歳）

今回、私は二回目の参加です。私は、生長の家にふれて三年目です。生長の家に行ってから親に対して本当に感謝ということがわかり、実際にやってきたつもりだった。それから本当に仕事が楽しく支店の店長までさせて頂きました。けれど、私は、あたり前のことに感謝ができなくなり、親が体調悪くなったり私自身仕事がしんどくなったり、店長をしてることがイヤになったり、いろんなことにすぐ腹を立てる私がいて、この研修でもう一回感謝の想いを満たしたいと思い、参加しました。

けれど、二日目、三日目と参加してるうちに、まずいろんな方々の体験談を聞いてるうちに、どんな問題も親への感謝なんだということに気づきました。そして、いつだったか忘れたが、父のことに気づきました。

私は小学一年の時、母と二人で半年位暮らし始めた。けれど、すぐに父とも住んでいた。その時から、父は私が二十一歳になるまで、ずっと働かなかった。私が大きくなるにつれ、どんどん酒の量は増えつづけて、家の外へ出なくなった。家に父がいることは、近所、親戚には内緒だと言われつづけ、苦しい想いをしていた。小学生の時は、とにかくいじめられた想い出しかない。私は、ずっと変わりたい、親を変えて生まれ直したいと思ってました。

二十一歳の時、酒を飲んであばれて母を苦しめてた父に対してもう限界に来て、私は家を出た。母は、それに賛成してくれた。きっと、父は、自分がいるから娘は出ていった、と思ってたと思う。そういうことを、この研修中ずっと考えていた。そして、気づいたら父のその時の想いを、考えてる私がいることに驚いた。私が出て行った時の父の気持、今までずっと家にいた父のこと、そして、そのまま死んでいった時のさみしさ。私は、父が亡くなる時そばにいなかった。どんなにさみしかっただろうかと、本当にどう言っていいかわからない位悲しかった。生きてる間に、わかってあげられなかったことがくやしかった。

そんな時、面接をしてもらい、私が父と母の間に生まれさせていただいたことに喜んで感謝すればいいといわれて、すごく〝それだ〟と思いました。私は、今ものすごく恵まれてる会社に入ることができた。私は、今この仕事を、絶対私の仕事だ、絶対一生やりたいと思っている。人を素晴らしくできる、人の人生にかかわれる仕事に就《つ》けたのは、父と母のおかげだと、今まで以上に心から思いました。そして、すべてが父母のおかげだと思いました。そしたら、父母が今の会社（イマージュ）に出会わせてくれたと思えた時、ものすごく会社に感謝の想いでいっぱいになりました。そして、ものすごく申し訳のない想いになりました。

けれど決めました。私は、絶対今与えられたことに、すべてに喜ぼうと、そして私自身、親への感謝をもっと深くして、この仕事を通して、たくさんの人のお役に立とうと決めました。そして、一人ひとりの、もっと奥を見て良い所を見ていこうと思いました。

この生長の家の研修がなかったらと思うと、こわくなる位です。私は決めました。毎日、聖経を、父母の為、そして、私の周りのすべての人の為に読むことです。本当に、ありがとうございました。帰ったら、感謝の想いをみんなに伝えたいと思います。

生長の家は「人類は一つ、人間はみな同じ神の子」「みんな一体」であるという人種と宗派とに執《とら》われないところの万教帰一的な無宗派の宗教運動です。ある宗教では、自分の宗教だけが人間を本当に救うのであるから、他宗を止めてわが宗教に入れと言います。ところが生長の家は、すべての救いの原理は「一つ」であるから、別に、今までの宗教を止めないでも好いと言います。大抵の宗教は自分の教団をやめたら罰が当たるなどと言って引きとめようとしますが、生長の家は、自分の「内」に神がある、教団に入ろうが入るまいが、決して神罰を説かない、ここが他の宗教と異《ちが》います。

S会を信仰していたが……

扶桑薬品工業㈱　永田いずみ（20歳）

次に、研修で生長の家の万教帰一の教えに触れ真理の神髄に目覚め、生長の家の素晴らしさを理解された永田さんの体験手記を紹介します。

永田さんはS会を信仰していたため生長の家の研修会に参加することに抵抗を感じていた。しかし研修中に父親の深い愛に目覚めることができ、専門学校一年からの長年の右足かかとの痛みが癒され、正座も出来るようになり、会社が勧める生長の家の研修会の素晴らしさが初めて理解できた。

参加する前は、私はS会を信仰しているので、かなりとまどいがありました。やはり自分の信じているS会の考え方が大好きなので、生長の家なんて無理じゃないかと考えました。でも母が「行ってみたらいいやん」と言ってくれたので、ここに来ることができました。

私は専門学校一年の時に、二階のベランダから飛び降りたことがあります。その時は家族とうまくいってなかったので、つい出来心で大丈夫だと思って飛び降りました。結果は、悪い事を考えると悪い事が起こるのだという通り、右足のかかとを骨折し左足の足首をねんざしてしまいました。それは九月九日（救急の日）でした。私は本当に痛い思いをしました。そういうわけで父はとても怒って「病院に見舞いなど行くか！」と母に言っていたそうです。私はその時とても後悔しました。父の信頼を失ってしまったのです。

しかし、父もやはり鬼ではなかったのです。私の退院の日に病院まで迎えに来てくれたのです。私はその時本当にうれしかったです。もっとうれしかったのは、駅の階段で父が私をおんぶしてくれたことです。もう六十歳近くなのに「軽い、軽い」と言っておんぶしてくれました。ですが月日が過ぎてくるうちに、そんなことはすっかり忘れてしまって、父に対して心底愛情をもって接してきませんでした。

そういう気持は体に現れるんですね。私のかかとは、寒くなったり歩き過ぎたりすると、すごく痛くなって時には歩けないこともありました。今回この生長の家に来て、私が一番恐れていたのは正座でした。かかとを折って以来、私は正座をすることができなくなっていたんです。毎日正座をする時だけは苦痛でした。

でも三日の浄心行を行った時に、私は父がおんぶしてくれたことを思い出しました。私は涙が出ました。父はいつも私のことを考えて、愛してくれていることがわかったのです。その時私は初めて、父に心の底から感謝できました。

《あなたの生命そのものが神の愛によって創造され、父母の愛によって此の世に生まれ出て来たのである。従って、神に感謝するだけでは足りない。父母に感謝されなければならない訳である。感謝は自分の〝生命の根〟に霑《うるお》いを与えることになるのである。〝生命の根〟に霑いを与えなければ、いくら大地に養分があってもそれを自分の生命に吸収することはできないのである。……神示には「神に感謝しても父母に感謝せぬ者は神の心にかなわぬ」と訓《おし》えられているが、父母に感謝するのが天地の道であることは父母に感謝することによって多くの病気が治っている事実によっても証明されるのである》(『女は愛の太陽だ』谷口雅春著　一〇七―一〇八頁)

四日の日、私は先祖供養祭でどうしても正座をしてお祈りしたかったので、自分は出来るという思いで正座をしてみました。すると今までは痛かった右足のかかとが、全く痛くなかったのです。私は感動しました。この生長の家に来ることが出来て本当に良かったと思いました。

決意文

一．何事にも常にプラス思考で取り組む。
二．自分の力を信じ、自分を好きになる。
三．他人あっての自分だということを、常に忘れず感謝する。
四．両親の愛情を感じ、両親に感謝する心を忘れない。
五．周りの人を幸せにできるような人になる。
六．いつも笑顔を忘れない。

生長の家宇治別格本山　各種練成会及び研修会のご案内

宇治練成会の特色

宇治練成会のすばらしい特色は、宝蔵神社にお祀りされたご先祖様と共に、生長の家の御教えである「人間・神の子」の真理の研鑽ができ、無限智、無限愛、無限生命が開発されます。つまり練成会に参加することは、最高の先祖供養にもなるわけです。なお、練成会に参加される方には、希望により「祥月命日供養祭」を繰り上げて執り行っております。

◎神性開発練成会◎

一般練成会　毎月10日（午後6時開始）～20日（正午終了）

十日間だから味わえる宇治練成会の醍醐味。寝食を共にした合宿形式で明るく楽しい雰囲気の内に愛と感謝の生活を実践します。【8月のみ6日～16日】

神の子を自覚する練成会　毎月前月末日（午後5時30分開始）～5日（正午終了）

五日間の短期間に真理の神髄をズバリと把握。感動歓喜の連続。初めての方もベテランも、いのち生き活きリフレッシュ練成会。

【尚、1月は**初詣練成会**（12月31日～1月3日）、5月は**ゴールデンウィーク練成会**（5月3日～6日）になります】

伝道実践者養成練成会　毎月20日（午後1時30分開始）～22日（正午終了）
人々の幸福と繁栄を祈る、生命礼拝の実践行。【11月休会】

女性のための練成会
長寿練成会
いのちを引きだす（繁栄）練成会
宇治を愛する人におくる練成会

◎生長の家能力開発センター◎
生長の家能力開発研修会　21日～25日（開催月はお問い合せ下さい）
初心者にも分かり易く、ひとりひとりに潜在する無限の能力を開発し、職場に家庭に活かす。生長の家栄える会協催の研修会。会社派遣のほか個人参加も可。事前にお申し込み下さい。

新入社員研修会
リーダーになるための能力開発研修会

＊日程や詳しいことは、練成部にお問い合せ下さい。

宇治別格本山　祭典のご案内

宝蔵神社新年祭　1月1日・2日・3日
末一稲荷神社初午祭　2月初午の日
宝蔵神社盂蘭盆供養大祭　8月17日・18日・19日
宝蔵神社月次祭　毎月13日
全国流産児無縁霊供養塔供養月次祭　毎月13日
聖霊招魂神社月次祭　毎月19日
末一稲荷神社月次祭　毎月19日
霊宮聖使命菩薩祥月命日供養祭　毎日2時より

＊祭典については祭司部にお問い合せ下さい。
御参拝とともに、練成会にご参加下さい。

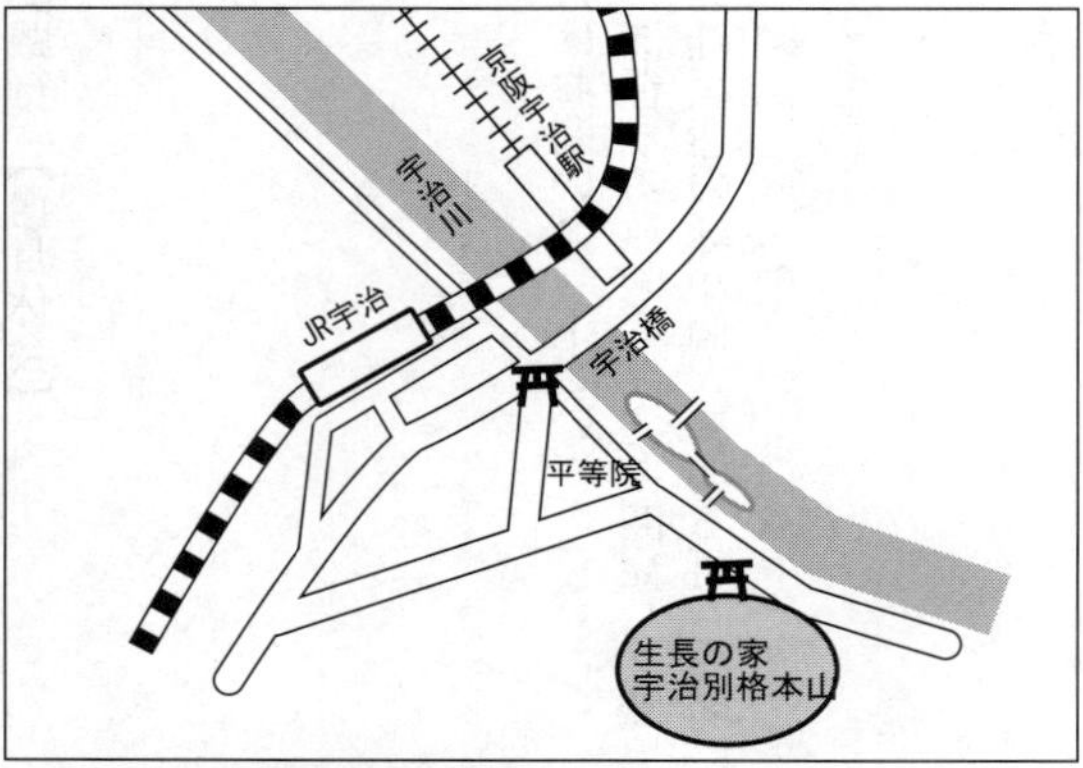

生長の家宇治別格本山

〒611-0021　京都府宇治市宇治塔の川32
TEL 0774-21-2151
ホームページで詳しい情報をお知らせしています。
http://uji.sni.or.jp/

神《かみ》の子《こ》の自覚《じかく》で新生《しんせい》する
練成会体験談集《れんせいかいたいけんだんしゅう》

発　行――――平成14年8月19日　初　版　発　行
　　　　　　　平成25年9月 1 日　初版第3刷発行

編　者――――生長《せいちょう》の家《いえ》宇治《うじ》別格本山《べっかくほんざん》〈検印省略〉
発行者――――岸　重人
発行所――――株式会社日本教文社
〒107-8674 東京都港区赤坂9-6-44
電　話　03(3401)9111(代表)
　　　　03(3401)9114(編集)
F A X　03(3401)9118(編集)
　　　　03(3401)9139(営業)

頒布所――――財団法人世界聖典普及協会
〒107-8691 東京都港区赤坂9-6-33
電　話　03(3403)1501(代表)
振　替　00110-7-120549

印　刷――――東港出版印刷株式会社
製　本――――牧製本印刷株式会社

© Seicho-No-Ie Uji-Bekkaku-Honzan,2002

Ⓡ〈日本複製権センター委託出版物〉
本書を無断で複写複製（コピー）することは著作権法上の例外を除き、禁じられています。本書をコピーされる場合は、事前に公益社団法人日本複製権センター(JRRC)の許諾を受けてください。
JRRC〈http://www.jrrc.or.jp〉

Printed in Japan
乱丁本・落丁本はお取り替えいたします。
定価はカバーに表示してあります。

ISBN978-4-531-06375-8

日本教文社のホームページ
http://www.kyobunsha.jp/

谷口雅宣著 ¥1400
生長の家って どんな教え？
――問答有用、生長の家講習会
生長の家講習会における教義の柱についての講話と、参加者との質疑応答の記録で構成。唯神実相、唯心所現、万教帰一の教えの真髄を現代的かつ平明に説く。生長の家発行／日本教文社発売

谷口雅宣著 ¥1500
大自然讃歌
生物互いに生かし合っている自然界を讃嘆し、“自然即我”の実相に目覚めしめる長編詩を日常の読誦に適した、布装・折本型の経本として刊行。総ルビ付き。生長の家発行／日本教文社発売

谷口雅宣著 ¥1700
観世音菩薩讃歌
“生長の家の礼拝の本尊”とされる「観世音菩薩」の意味と生長の家の教えを縦横に解き明かした長編詩を、布装・折本型の典雅な経本として刊行。総ルビ付き。生長の家発行／日本教文社発売

谷口雅宣著 ¥1600
次世代への決断
――宗教者が“脱原発”を決めた理由
東日本大震災とそれに伴う原発事故から学ぶべき教訓とは何か――次世代の子や孫のために“脱原発”から自然と調和した文明を構築する道を示す希望の書。生長の家発行／日本教文社発売

谷口清超著 ¥1200
生長の家の信仰について
あなたに幸福をもたらす生長の家の教えの基本を、「唯神実相」「唯心所現」「万教帰一」「自然法爾」の四つをキーワードに、やさしく説いた生長の家入門書。

谷口雅春著 ¥1600
新版 光明法語
〈道の巻〉
生長の家の光明思想に基づいて明るく豊かな生活を実現するための道を1月1日から12月31日までの法語として格調高くうたい上げた名著の読みやすい新版。

生長の家宇治別格本山編 ¥970
生命《いのち》はずむ日々
練成会体験談集
少年非行、不登校、親子の問題、子宝を得た体験、癌をはじめ色々な病気の治癒、他宗教との問題等の体験談や、先祖供養・流産児供養に関する体験談も合わせて紹介。

株式会社 日本教文社 〒107-8674 東京都港区赤坂 9-6-44 電話 03-3401-9111（代表）
日本教文社のホームページ http://www.kyobunsha.jp/
宗教法人「生長の家」〒150-8672 東京都渋谷区神宮前 1-23-30 電話 03-3401-0131（代表）
生長の家のホームページ http://www.jp.seicho-no-ie.org/
各定価（5％税込）は平成25年8月1日現在のものです。品切れの際はご容赦ください。